인물로 읽는

장자

인물로 읽는 장자

지은이 윤재근
펴낸이 양동현
펴낸곳 도서출판 나들목

출판등록 제 6-483호
　　　　　주소 136-034, 서울 성북구 동소문동4가 124-2번지
　　　　　전화 02) 927-2345 팩스 02) 927-3199

초판 1쇄 발행 2004년 12월 30일
초판 3쇄 발행 2013년 9월 30일

ISBN 89-90517-27-3 / 04150

잘못 만들어진 책은 구입한 곳에서 바꾸어 드립니다.

www.iacademybook.com

인물로 읽는
장자

윤재근 지음

나들목

우화로 읽는 큰사람의 길

장자를 읽는 것은 그 속에 큰사람[大人]이 되는 길이 있기 때문이다.

장자《莊子》를 어떻게 만나 보느냐에 따라 재미가 있을 수도 있고, 어려워 힘이 들 수도 있다. 《장자》를 철학(哲學)으로 만나면 재미를 누리기가 어렵다. 그러나 《장자》를 우화집(寓話集)으로 여기고 만나 보면 재미를 맛볼 수 있다는 생각이다.

철학은 사람에게 반드시 유식(有識)해지기를 요구한다. 그런 요구를 들어주기란 쉽지 않다. 사람은 저마다 나름대로 능력을 갖추고 산다. 사람마다 다른 능력을 무시하고 유식해지라고 강요하는 철학은 오히려 골머리를 때리는 경우가 허다하다. 철학을 즐긴다는 것은 유별난 사람들의 몫이라고 생각해도 된다. 그러니 《장자》를 꼭 철학으로 읽어야 한다고 생각할 것은 없다.

그러나 우화는 모든 사람에게 저마다 나름대로 이야기를

들어 보라고 할 뿐 이렇게 들어 달라 저렇게 들어 달라 요구하지 않는다. 참으로 듣기 편하고 걸림 없는 이야기가 우화(寓話)란 것이다. 들려주는 이야기[話]를 들어주는 사람에게 맡겨 둔다[寓]는 이야기이니 들어주는 사람 마음대로 자유롭게 새김질하라는 게 우화(寓話)가 아닌가. 그리기 위하여 우화는 속 편히 만나 즐길 수 있는 동무[人物]를 마련해 얘깃거리를 나누자 한다. 물론 《장자》를 꼭 우화로 만나야 한다는 것은 아니다. 《장자》를 즐기려면 우화로 만나야 쉽게 즐길 수 있다는 말이다.

《장자》는 깊은 뜻을 드러내기보다는 차라리 우화로 슬쩍 감춰서 누구나 재미있게 듣고 나서 숨겨 둔 깊은 뜻을 형편이 닿는 대로 찾아내면 좋고, 그렇지 못하다 해도 그런 대로 역시 좋다고 한다. 《장자》는 이러냐 저러냐 하는 시비(是非)를 걸지 말라 한다. 마음 편하게 들어와 동무들과 노닐면 된다고 한다. 우화는 줄거리를 따라가기보다는 우화 속에 나오는 동무들과 친해져서 함께 노닐어야 훨씬 더 재미나는 맛을 즐길 수 있다. 내 평생 《장자》를 만나면서 터득한 결론은 이렇다.

'《장자》를 우화집으로 여기고 우화들 속에 나오는 온갖 동무들과 친해 보라.'

우화란 것은 할아버지 ― 할머니와 손자 ― 손녀 사이에서 정말 제맛이 나게 마련이다. 할아버지 무릎에 앉아 할아버지의 능청스런 이야기를 정성껏 들어주는 손자나 손녀를 상상해 보라. 성현(聖賢)은 본래 철인(哲人)이 아니라 모든 사람에게 할아버지 같은 노릇을 한다는 생각이다. 주자(朱子)나 칸트(Kant) 같은 이들은 철인(哲人)이지 성현(聖賢)은 아니다. 성현은 어려운 말을 일삼지 않고, 어려운 것을 쉽게 이야기해 주고자 정성을 다하는 선생(先生)일 뿐 철인이 아니다. 그래서 성현께서는 사람이 되는 길을 터 줄 뿐 학자(學者)가 되라고 하지 않는다. 그러니 《장자》를 성현의 것으로 보고 마치 할아버지가 손자와 손녀에게 남겨 준 우화집으로 여겨 《장자》 속에 사는 여러 동무를 만나 보면 누구나 어려운 뜻을 쉽게 새기면서 즐거운 삶의 순간을 누릴 수 있을 것이라 확신한다. 이런 믿음 때문에 《장자》 속에 있는 동무(人物)들을 간추려 누구나 만나 보기 쉽게 한자리에 모아 보았다. 이런 내 뜻을 나들목 양동현 사장님이 선뜻 받아 주어 한 권의 책으로 묶게되어 고마울 뿐이다.

2004. 12월

尹在根

차 례

내편(內篇)

소요유(逍遙遊)

제물론(齊物論)

외편(外篇)

잡편(雜篇)

경상초(庚桑楚)

서무귀(徐无鬼)

즉양(則陽)

외물(外物)

우언(寓言)

내편

內篇

소요유
逍遙遊

〔요점〕　　　　　　무엇 하나 걸림 없이 그저 그냥 자유를 누리며 노니는 것을 일러 소요유(逍遙遊)라 한다. 소요유란 곧 자연을 따라 산다는 말이다. 자연을 따라 사는 일을 무위(無爲)라 한다. 무위란 절대의 자유(自由)요, 걸림 없는 변화(變化)요, 도(道)의 해명(解明)이자 모습이다. 시비(是非)를 거는 사람, 분별(分別)을 일삼는 사람, 귀천(貴賤)을 가리는 사람, 턱없는 영화(榮華)를 노리는 자는 모두 소요유를 잃어버리고 옹색하게 살아가는 불쌍한 인간이다. 이런 불쌍한 사람이 되지 않으려고 하루에 한순간이라도 자신을 찾아가는 사람이 있다면 그는 적어도 그 순간만큼은 자연을 따라 사는 것이 된다. 마음의 건강을 누리고 싶은가? 그렇다면 소요유의 인물들과 사귀어 볼 일이다. 자유롭고 싶은가? 그렇다면 어디에도 기대지 말라.

1. 곤(鯤)

곤(鯤)은 북명(北冥)에서 헤엄치며 노닌다. 북명은 북녘 바나요, 곤은 큰 고기의 이름이다. 본래 물고기의 뱃속에 들어 있는 알을 곤이라 한다. 알보다 더 작은 정자나 난자를 뜻할 수도 있다. 어쨌든 여기서는 아주 작은 것이 큰 것이 되었다고 생각하면 된다. 그래서 곤을 일러 크나큰 물고기라 한다. 곤의 크기가 얼마나 큰지는 상상할 수 없다고 장자(莊子)는 호언한다.

"곤(鯤)의 크기가 몇천 리나 되는지는 알 수 없다. 곤은 북쪽 바다를 헤엄치며 노닌다. 하지만 곤에게 물이 없다면 어찌 북녘 바다를 노닐 수 있겠는가? 그러니 곤은 물에 기대야 한다. 그래서는 소요유를 누릴 수 없다."

2. 붕(鵬)

"곤(鯤)이 변해서 큰 새가 된다. 그 새가 바로 붕(鵬)이다."

장자는 이렇게 이야기한다. 등줄기의 넓이가 몇천 리나 되는지 알 길이 없는 붕. 그 붕이 힘차게 날아오르면 하늘을 가득 드리운 날개는 마치 구름과 같다. 바다의 기운이 움직여

대풍(大風)을 일구면 붕은 그 바람을 타고 남명(南冥)으로 날아간다. 남명은 남쪽 바다이고, 그 바다를 일러 천지(天池)라 한다. 하늘 연못[天池]으로 구만 리 장천(長天)을 날아가며 노닌다는 붕. 그러나 그 붕에게 바람이 없다면 어찌 남녘 바다로 날아가겠는가? 그러니 붕은 바람에게 기대야 한다. 그래서는 소요유를 누릴 수 없다.

3. 제해(制諧)

제해(制諧)는 상식에 얽매여 사는 사람이 아니라 상상(想像)하며 사는 사람이다. 마음가는 바가 상식을 벗어나야 상상할 수 있다. 그런 마음쓰기를 지괴(志怪)라 한다. 지괴란 요샛말로 하면 아이디어(idea)다. 장자는 제해 같은 사람을 좋아했던 모양이다. 소요유에서 가장 먼저 등장하는 사람이니 말이다.

제해가 말한다.

"붕이 날아갈 때면 파도를 일으켜 삼천 리, 회오리바람을 타고 오르기를 구만 리, 유월의 큰 바람을 타고 남명으로 날아간다네. 아지랑이와 먼지, 이것들은 목숨들이 숨쉬며 서로 내뱉는 것이지. 하늘의 파란 빛깔은 본래 제 색깔일까, 아니면 멀리 끝이 없어 그런 것일까. 붕이 세상을 내려다볼 때 역시 이 세상도 새파랗게 보이리라."

지괴를 떠나 상식에 얽매여 사는 사람들은 제해가 환장해서 미쳤다고 흉보리라. 그러나 제해야말로 디지털(Digital) 세상이 바라는 참 인간상이 아닌가? 상상하는 사람은 사물을 곧고 바르면서도 제대로 본다. 그러면 창의력(創意力)은 절로 붙는다. 붕이 구만 리 허공에서 지구를 보면 새파란 하늘과 같으리란 제해의 상상력을 보라. 우주인이 허공의 궤도에서 지구를 비춰 주는 영상(映像)이 까맣던가, 새파랗던가?

4. 조(蜩)・구(鳩)

조(蜩)는 매미이고 구(鳩)는 비둘기다. 그것들이 구만 리 장천을 나는 붕을 비웃는다.

"우리는 힘을 다해 날아올라 봐야 느릅나무 꼭대기이고, 그것도 힘에 부치면 땅바닥에 내동댕이치기 일쑤인데 말이야. 어쩌자고 구만 리나 날아오르는지…… 공연한 짓이지."

조와 구여, 붕을 흉보거나 샘하지 말라. 매미는 매미대로 살다 죽고 비둘기는 비둘기대로 살다 죽는 게 도(道)란 말이다. 작은 지혜[小知]는 큰 지혜[大知]에 미치지 못하고 짧은 목숨은 긴 목숨에 미치지 못한다. 그래서 하루살이는 밤과 새벽을 모르고 매미는 봄과 가을을 모른다네.

5. 송영자(宋榮子)

사람들이 귀하고 소중하다는 것을 웃어넘기는 송영자(宋榮子). 그는 세상이 칭찬해 준다고 해서 애쓰려 하지도 않고 세상이 그를 헐뜯는다고 하여 기죽지도 않는다. 다만 안과 밖을 분별하여 명예와 치욕의 경계를 구분하고 잘 지킬 뿐이다. 그는 세상일을 쫓아 허둥대지도 않는다. 그러나 송영자에게는 편치 못한 데가 있다. 안[內心]과 밖[事物]을 분별하자니 힘들 것이요, 명예(名譽)와 치욕(恥辱)을 구분하자니 또한 힘들 것이다. 이 어찌 세상일에 초연하다 할 것인가. 송영자는 세상과 더불어 있는 셈이니 기대는 바가 있다. 자연을 따라 사는 사람은 누구인가? 지인(至人)이요, 신인(神人)이요, 성인(聖人)이다. 장자는 이 자연인(自然人)들을 이렇게 소개한다.

"지인무기(至人無己) 신인무공(神人無功) 성인무명(聖人無名)."

지인에게는 사심(私心)이 없고[至人無己] 신인에게는 공적이 없으며[神人無功] 성인에게는 명성이 없다[聖人無名].

비록 송영자가 지인, 신인, 성인에는 미치지 못한다 해도 대인(大人)임에는 틀림없지 않은가. 소인들만 득실거리는 세상에 송영자 같은 대인이 하나만 있어도 얼마나 좋을까.

6. 요(堯)·허유(許由)

요(堯) 임금이 허유(許由)를 찾아가 천하를 넘겨주려고 이렇게 말했다.

"해와 달이 돋아 이미 밝은데 관솔불을 계속 태우니 불빛은 헛된 것이고, 때맞춰 비가 내리는데 물을 대고 있으니 이 또한 헛된 것이 아니겠습니까. 선생께서 임금이 되시면 천하가 잘 다스려질 텐데 아직도 내가 천하를 맡고 있습니다. 돌이켜보건대 나는 부족합니다. 천하를 맡아 주십시오."

이에 허유가 대답했다.

"그대가 천하를 다스려 이미 잘되고 있습니다. 그런데 나에게 대신하라니 천자라는 이름을 얻고자 그렇게 하란 말입니까? 이름이란 일시적으로 찾아오는 손님 같은 것입니다. 날더러 그런 손님이 되라는 겁니까? 뱁새가 숲 속에 집을 짓는 데는 나뭇가지 하나면 족하고 두더지가 강물을 마시는 것도 작은 배를 채우는 것에 불과합니다. 그대는 돌아가시오. 나에게 천하가 무슨 소용이랍니까? 요리하는 이가 잘못한다 해서 시축(尸祝)이 제물(祭物)을 요리할 수는 없는 일이지요."

시축(尸祝)의 시(尸)는 조상의 혼을 대신하는 아이, 즉 시동(尸童)이고 축(祝)은 신(神)과 인간 사이를 잇는 신주(神主)를 말한다.

7. 견오(肩吾) · 연숙(連叔)

　견오(肩吾)가 접여(接輿)에게 들은 이야기를 들려준다.

　"너무 터무니가 없어. 앞으로 나갈 줄만 알지 되돌아올 줄은 모른단 말이야. 은하수처럼 마냥 계속되는 것만 같아 온몸이 오싹해졌다네. 너무도 상식에 어긋난단 말이야."

　이에 연숙(連叔)이 무슨 이야긴데 그러느냐고 묻자 견오가 대답한다.

　"막고야(藐姑射) 산에 신인(神人)이 산다네. 그런데 그 신인의 살갗은 눈처럼 희고 처녀같이 부드러우며, 곡식을 먹지 않고 바람과 이슬을 마시고 살면서 구름을 타고 용을 몰아 천지밖에서 노닌다네. 그가 정신을 한데 모으기만 하면 온갖 것이병들지 않고 해마다 곡식이 잘 익는다는 거야. 이야기가 하도황당해서 미덥지가 않다네."

　이에 연숙이 말했다.

　"그랬는가? 하기야 장님에겐 빛깔의 아름다움이 보이지 않고 귀머거리에겐 음악의 가락이 들리지 않지만 육체로만 장님이 있고 귀머거리가 있는 것은 아니지. 안다는 일에도 장님이 있고 귀머거리가 있다네. 지금 자네를 두고 할 수 있는 말이라네. 신인의 덕(德)은 방박만물(旁礡萬物)하여 위일(爲一)하다네. 온갖 것[萬物]을 두루 널리[旁] 섞어서[礡] 하나 되게 한다네[爲一]. 세상은 난세가 없어지길 바라지만 누가 세상일을 위해 애쓸 것인가 말일세. 신인은 바깥 것들로 인해 상처 입을 리 없고 홍수가 나서 하늘을 덮을지라도 빠질 리 없으며 오래 가물어 쇠붙이가 녹아 내려 땅이 타들어 가도 뜨거움을 모른다네. 신인은 몸에 낀 먼지나 때, 쭉정이나 겨 따위로도 세상 사람들이 성인이라고 떠받드는 요(堯)와 순(舜)을 만들 수 있는데 무엇 때문에 수고를 하겠는가 말일세."

연숙은 접여의 이야기를 새겨들었고 견오는 접여의 이야기를 황당하게 들었다. 연숙은 접여가 말한 신인이 곧 자연임을 알아들었고 견오는 알아듣지 못했다.

접여는 벼슬을 물리치기 위해 미친 척하며 떠돌아다녔다는 초(楚) 나라의 현자(賢者)라고 한다. 멀쩡하게 눈뜨고 장님 노릇하는 자가 어찌 견오 하나뿐이었겠는가. 연숙이나 접여와 같은 이가 없을 뿐이지 견오만도 못한 상식꾼들이 세상을 주무르고 있지 않은가 말이다.

8. 장자(莊子) · 혜자(惠子)

혜자(惠子)는 논리(論理)를 앞세우는 명가(名家)에 속하는 사상가(思想家)로, 혜시(惠施)라고도 불린다. 위(魏) 나라의 재상까지 지냈다고 한다. 그가 장자를 만나 큰 지혜[大知]를 빗대려고 시비를 건다.

"나에게 큰 나무 한 그루가 있는데 가죽나무라고 한답디다. 등걸은 울퉁불퉁해 먹줄을 놓을 수 없고 가지는 비비 꼬여 자를 댈 수가 없어요. 길가에 서 있지만 목수가 본 척도 안 한답니다. 그런데 당신이 하는 말들은 크지만 쓸모가 없어 사람들이 외면한다 이겁니다."

이에 장자가 되받아 말한다.

"당신은 너구리나 살쾡이를 알고 있겠지요? 그것들은 몸을 땅에 납작하게 붙이고 기어가서 놀러 나온 닭과 쥐를 잡기 위해 이리저리 날뛰고, 높건 낮건 가리지 않다가 덫이나 그물에 걸려 죽지요. 반면 검은 소는 하늘에 드리운 구름과 같아 큰일은 할 수 있지만 작은 쥐는 잡을 수가 없어요. 지금 당신은 당신에게 큰 나무가 있어도 쓸모가 없어서 걱정인 모양인데, 어째서 아무것도 없는 넓은 들판에 심어 두고 그 곁에 쉬어 보거나 그 그늘에 누워 잠들지 못하는 것이오? 자귀나 도끼에 찍힐 일도 없을 것이고 해를 당할 일도 없을 터인데 말이오. 쓸모없다고 어찌 괴로워한단 말이오."

장자의 말을 쓸모없다고 비웃다가 본전도 못 찾고 마는 혜자의 꼴이다. 살쾡이에 빗대어 혜자를 혼내 주는 장자를 보라. 살쾡이는 쥐는 잡지만 덩치 큰 소는 쥐를 잡지 않는다고 밝힌 장자의 말을 곰곰이 새겨 보라. 그러면 작은 지식[小知]

과 큰 지식[大知]이 어떻게 다른가를 짚어 볼 수 있을 것이다.

소지(小知)란 어떤 앎인가? 용세(用世)의 지식을 일컫는다. 대지(大知)란 어떤 앎인가? 술세(述世)의 지식을 일컫는다. 재물이나 명성을 위해 써먹을 수 있는 일은 용세요, 마음 편히 살아가는 길을 터 주는 일은 술세다. 나무를 재목감으로만 따지는 것은 용세요, 나무가 드리워 주는 그늘 아래서 하염없이 편히 쉬는 것이 얼마나 유용한가를 일깨워 주는 것은 술세다. 대인은 소지를 비웃고 대지를 간직하지만 소인은 대지를 비웃고 소지를 자랑한다.

제물론
齊物論

[요점]　　　　　　제물론(齊物論)의 제(齊)는 가지런히 같게 함이고, 물(物)은 삼라만상을 뜻하며, 론(論)은 이치를 밝힘이다. 제물(齊物)이란 우주의 삼라만상이 모두 하나[一]라는 말이다. 그 하나를 요샛말로 하면 절대 평등이 된다. 소요유가 절대 자유(絕對自由)라면 제물론은 절대 평등(絕對平等)이다. 상대(相對)를 짓지 말라. 시비(是非)도 상대요, 귀천(貴賤)도 상대요, 길흉(吉凶)도 상대요, 화복(禍福)도 상대요, 선악(善惡)도 상대요, 정사(正邪)도 상대요, 생사(生死)도 상대라는 것이 제물론의 입장이다.

장자는 상대에게서 완전히 벗어난 하나의 경지를 밝히려고 한다. 노자(老子)는 이런 경지를 일러 포일(抱一)이라 했다. 하나[一]를 안아라[抱]. 장자는 이미 소요유에서 위일(爲一)이라 했다. '만물은 하나[一] 된다[爲].' 이것이 바로 제물론의 요점이다.

제물론에서는 물(物)과 도(道)를 마치 연극의 배우처럼 여기고 만나면 어렵게 여겨지는 물과 도도 더불어 사는 벗인 양 체험해 볼 수 있다. 《장자(莊子)》에는 이처럼 관념마저도 인물로 등장시키는 우화들이 많다. 그중에서도 〈제물론〉은 〈소요유〉 편과 더불어 가장 중요한 편에 속한다. 동시에 제물론은 《장자》에서 가장 깊게 자연을 체험하게 하여 무위를 맛보게 한다. 장자가 꾸었다는 '나비의 꿈'이란 유명한 우화가 나오는 편이기도 하다.

[제물론의 인물들]

1. 남곽자기(南郭子綦)·안성자유(顏成子游)

마음이 언제나 비어 있는 남곽자기(南郭子綦)는 고요하고 맑아 자신을 바로 자연이게 했다는 초 나라의 현인이다. 장자가 항상 흠모하여 그를 빌어 자신의 생각을 드러내기도 했으니 남곽자기는 장자의 선생인 셈이다.

남곽(南郭)은 성곽 남쪽에 살아 붙은 호고 자기(子綦)는 이름이다. 안성자유(顏成子游)는 자기(子綦)의 제자다. 안(顏)은 성씨이고 성(成)은 시호(諡號)이며 자유(子游)는 자(字)이고 이름은 언(偃)이라고 한다.

《장자》의 제물론은 자기와 자유의 대화로 시작된다. 자기가 책상에 몸을 기대고 하늘을 우러러 길게 숨을 내쉰다. 그런 자기의 모습은 마치 자기(自己)라는 존재를 잊어버린 듯하다. 그런 선생의 모습에 자유가 머리를 조아리며 아뢴다.

"몸은 다 삭아 버린 고목과 같고 마음은 타고 남은 재와 같을 수 있습니까? 지금 선생께서 책상에 기대신 모습이 예전 같지 않아서입니다."

이에 자기가 응해 준다.

"언(偃)아, 너는 참으로 훌륭하구나. 그렇게 묻다니……. 지금 나는 나라는 것을 잊었다[吾喪我]. 너는 그런 줄 아느냐? 너는 사람의 퉁소 소리[人籟]는 들었어도 땅의 퉁소 소리[地籟]는 아직 들어 보지 못했겠지. 땅의 퉁소 소리는 들었다 쳐도 하늘의 퉁소 소리[天籟]는 아직 들어 보지 못했겠지."

오상아(吾喪我)는 즉 내[吾]가 나[我]를 잃었다[喪] 함이다. 이 말이야말로 장자 사상의 핵심이다. 노자는 나를 버리라[舍己] 했고 장자는 나를 없애라[無己] 했다. 이는 모두 오상아를 일 컬음이다. 삶이 괴로운 것은 나를 버리지 않고 나를 취하기[取己] 때문이다. 그래서 취기(取己)면 더럽고 사기(舍己)면 깨끗하고 무기(無己)면 깨끗하다 한다. 취기만 알고 무기는 몰라라 하는 무리를 일러 소인이라 한다. 장자는 자기(子綦)를 통해 우리에게 제발 소인배(小人輩)가 되지 말라고 당부한다. 인뢰(人籟)는 나를 취하는 퉁소 소리요, 지뢰(地籟)와 천뢰(天籟)는 나를 잃어버리는 오상아의 퉁소 소리일레라. 하지만 인뢰만 요란해 탈인 것을 누가 알까. 장자는 자기(子綦)를 통해 이를 묻고 있다.

2. 물(物)

제물론에서 물(物)을 마치 무대 위의 배우처럼 여기고 만나면 온갖 사물과 친해질 수 있고 만물이 왜 하나[—]인가를 체험할 수 있다. 그리하여 만물이 다 벗임을 깨달아야 텅 빈 마음[虛心]을 누리는 길을 찾을 수 있다. 나아가 장자가 무대 위로 올라와 독백한다고 상상하면서 물(物)을 만난다면 처음부터 나에게 큰마음[德]이 있었음을 터득하는 실마리도 찾을 수 있다.

지금 장자가 우리 앞에 나타나 이렇게 독백한다고 상상하면서 들어 보라.

"사물이라면 저것 아닌 것이 없고[物無非彼] 사물이라면 이것 아닌 것이 없다[物無非是]. 스스로를 저것이라고 바라볼 수 없지만[自彼則不見] 스스로를 저것이라 안다면 그러함을 알 수 있다[自知則知之]. 그래서[故] 저것은 이것에서 나오고[彼出於是] 이것은 저것에서 말미암는다[是亦因彼]는 것이다. 이것과 저것은 나란히 생긴다[方生]는 설이다. 그래서[故] 삶이 있으면 죽음이 있고[方生方死] 죽음이 있으면 삶이 있다[方死方生]. 그렇다가 있으면 그렇지 않다가 있고[方可方不可], 그렇지 않다가 있으면 그렇다가 있다[方不可方可]. 맞음으로 말미암아 그름이 비롯하고[因是因非], 그름으로 말미암아 맞음이 비롯한다[因非因是]. 그래서 성인은 상대적으로 판단하지 않고 자연에 비추어 보며[是以聖人不由而照之于天] 크나큰 긍정에 말미암는다[亦因是也]. 이것은 저것이고[是亦彼也] 저것은 이것이다[彼亦是也]. 저것이 하나의 시비라면[彼亦一是非] 이것 또한 하나의 시비다[此亦一是非]. 과연 이것과 저것은 있다는 것인가[果且有彼是乎哉] 없다는 것인가[無彼是乎哉]. 이것과 저것이 이 편, 저 편을 취하지 않는 경지를 일러 도추라 한다[彼是莫得其偶謂之道樞]."

남에게 시비를 걸고 싶을 때 이러한 경지를 상상해 보라. 피(彼)는 저것이요, 시(是)는 이것이다. 이것과 저것을 갈라놓고 이러니저러니 다투는 짓을 일러 시비(是非)라 한다. 성인에게는 시(是)가 있고 소인에게는 시비(是非)가 있다. 그래서 성인은 싸울 줄 모르고 소인은 날마다 싸운다. 시비하지 말라. 그러면 마음이 까탈을 부릴 리 없다. 마음을 편하게 하고 싶은가? 그렇다면 위와 같이 독백해 보라. 그러면 한순간이나마 도추(道樞)를 체험할 수 있다. 도추란 지도리, 즉 중심 축을 꽂아 주는 구멍을 말한다. 회전문을 생각해 보라. 회전문은 뱅글뱅글 돌아도 기울어지지 않고 넘어지지도 않는다. 구멍은 빈 곳이다. 중심 축을 꽂아 주는 빈 곳[道樞]을 크나큰 긍정이라고 한다. 그래서 시비를 떠나면 크고 시비를 걸면 작아진다는 것이다.

3. 도(道)

물(物)을 무대 위에 올라온 배우처럼 여기고 만났듯이 도(道) 역시 그렇게 만나면 온갖 사물과 친해질 수 있다. 그러면 도(道)는 만물이 왜 하나[一]인가를 체험하게 해 준다. 그리하여 만물이 모두 벗임을 깨달아야 텅 빈 마음[虛心]을 누릴 수 있는 길을 찾게 된다. 물론 도를 그렇게 만나면 큰마음[德]이 더욱 뚜렷이 드러나는 실마리를 찾을 수 있다.

다시 장자가 무대 위로 올라와 연극의 배우처럼 도를 등장시킨다고 상상하면서 다음 독백을 들어 보라.

"실제 손가락[指]으로 손가락이 아니라고 설명하는 것은 손가락이 아닌 것을 갖고 손가락이 아니라고 하는 것만 못하다. 실제 말[馬]을 갖고 말이 아니라고 하는 것은 말이 아닌 것을 갖고 말이 아니라고 하는 것만 못하다. (이것이냐, 저것이냐의 상대적인 것만 떠난다면) 천지도 하나의 손가락이요[天地一指也], 만물도 한 마리 말이다[萬物一馬也]. 자기에게 좋으면 좋다 하고[可乎可] 자기에게 싫으면 싫다 한다[不可乎不可]. 길

이란 밟고 다니기 때문에 생기고[道行之而成] 사물이란 이름을
붙이니 그렇게 된다[物謂之而然]. 어째서 그렇게 되는가[惡乎
然]. 그렇다고 여기니까 그렇다 여긴다[然於然]. 어찌 그렇지
않다고 여긴단 말인가[惡乎不然]. 그렇지 않다고 여기니까 그
렇지 않다고 여기게 된다[不然於不然]. 사물에는 본래 그러한
바가 있고[物固有所然] 사물에는 본래 할 바가 있어서[物固有所
可] 어떤 사물이건 그렇지 않은 것이 없고[無物不然] 어떠한 사
물이건 못할 바가 없다[無物不可]. 그래서 줄기와 기둥을 들고
문둥이와 미녀를 들이대면 분명 다르다 하겠지만 도의 입장
에서 본다면 모두 하나가 된다[道通爲一]. 한쪽에서의 분산은
다른 쪽에서의 완성이요[其分也成也], 한쪽에서의 완성이 다른
쪽에서는 파괴다[其成也毁也]. 모든 사물에는 완성과 파괴가
따로 있는 것이 아니고[凡物無成與毁] 서로 통하여 하나가 된
다[復通爲一]. 다만 도를 깨친 자만이 서로 통하여 하나가 된다
는 것을 안다[唯達者知通爲一]. 그래서 시비를 이용하지 않고
자연스러움에 사물을 맡겨 둔다[爲是不用而寓諸庸]. 자연스러
움[庸]이란 쓸모없음의 쓸모[用]다. 쓸모없음의 쓸모란 크나큰
쓸모라는 것이다. 크나큰 쓸모란 곧 삶의 즐거움[得]이다. 걸
림 없는 삶[適得]이 도에 가깝다. 삶을 자연에 맡길 뿐이다[因
是已]. 그러면서도 그런 줄 모른다[已而不知其然]. 이를 일러 도
라고 한다[謂之道]."

우제용(寓諸庸)이란 도에 가까운 삶을 말한다. 우(寓)는 맡긴다는 말이고 용(庸)은 상(常)과 통한다. 변함없는 것[常]은 곧 자연스러움이다. 자연에 맡기고 산다 함이 곧 우제용이다.

쓸모[用]에도 큰 것이 있고 작은 것이 있다. 시비를 거는 쓸모는 작지만 시비를 떠난 쓸모는 크다. 시비의 쓸모는 걸림이 많고 시비를 떠난 쓸모는 걸림이 없다. 이를 일러 쓸모없음의 쓸모[無用之用]라 한다.

용(庸)을 용(用)이라 함은 무용(無用)의 용(用)을 말한다. 무용의 용은 걸림이 없으므로 통(通)이라고도 한다. 그러한 통을 일러 한없는 자유를 누리는 삶이라 한다. 장자는 이를 천방(天放)이라 했다. 이런 삶의 누림을 득(得)이라 한다. 걸림 없는 삶을 누린다[適得]. 그러면 도(道)에 가깝다는 말이다. 그러므로 장자는 인시(因是)하라고 독백하고 있는 것이다. 여기서의 인(因)은 우(寓)와 같다. 우는 맡긴다는 의미의 기(寄)와 같다. 그리고 시(是)는 곧 자연을 일컫는다. 그러니 자연에 맡겨 살라[因是] 함이 곧 도(道)라는 말이다.

4. 왕예(王倪)·설결(齧缺)

피의(彼衣)는 왕예(王倪)의 선생이고 왕예는 설결(齧缺)의 선생이다. 설결은 허유(許由)의 선생이고 허유는 요(堯)의 선생이라고 한다. 적어도 설결까지는 장자가 만들어 낸 인물로 보인다. 이들은 모두 요 임금 때의 현인(賢人)들이라 한다.

설결이 왕예를 뵙고 이렇게 물었다.

"선생님은 만물이 하나 같다 함이 옳다는 것을 아십니까?"

이에 왕예가 대답한다.

"내가 어찌 그걸 알겠느냐?"

"선생님은 선생님께서 모르는 바를 아십니까?"

"내가 어찌 그걸 알겠느냐?"

"그러시다면 모든 사물에 대해 아무것도 모른다는 말씀이십니까?"

"내 어찌 그걸 알겠냐만은 한번 말해 보기로 하마. 내가 알고 있다고 하는 것이 실은 내가 알지 못하는 것인 줄 모르고, 내가 모른다고 하는 것이 실은 내가 알고 있는 것인 줄도 모르지. 내 자네한테 물어보겠네. 사람은 습한 데서 자면 허리병에 걸리고 반신불수가 되어 죽지만 어디 미꾸라지도 그렇던가. 사람은 나무 위에 있으면 벌벌 떨지만 어디 원숭이도 그렇던가. 이 셋 중에서 과연 어떤 것이 올바른 거처를 알고 있는 것일까? 사람은 소나 돼지 따위를 먹고, 순록은 풀을 먹고, 지네는 뱀을 먹고 올빼미는 쥐를 먹는다네. 이 넷 중에서 과연 어느 것이 올바른 맛을 알까? 사람들은 여희(麗姬)를 보고 모두 미인이라 하지만 물고기는 그녀를 보면 깊은 물속으로 숨어 버리고 순록은 달아나고 새는 높이 날아가 버린다네. 과연 이 넷 중에서 어느 것이 아름다움을 안다고 하겠는가? 사람들은 인의가 어떻다느니 무엇이 옳고 그르니 하며 어수선한데 내 어찌 이렇나 저렇다 하겠는가 말일세."

시비를 거는 사람들은 항상 자신이 옳고 남들은 옳지 않다는 억지를 부리려고 한다. 나는 옳고 너는 그르다고 하는 세상에서는 시비가 항상 사람들을 막다른 골목으로 몰아넣는다. 이렇게 내가 옳다고 하면 너도 옳다고 우기니 싸울 수밖에 없는 노릇이다. 시비를 걸기 전에 한 번만 더 왕예가 던진 반문을 되새겨 보기 바란다. 그래도 시비를 걸겠다면 박이 터지든 코가 깨지든 시비를 걸어라. 아마 남는 것이라곤 하나도 없는, 이빨을 악문 싸움꾼이 될 것이다.

5. 장오자(長梧子) · 구작자(瞿鵲子)

장오자(長梧子)와 구작자(瞿鵲子)는 둘 다 만들어 낸 인물이다. 이번에도 이 둘을 무대 위에 등장한 배우로 생각하면 된다. 여기서 구작자는 공자(孔子)의 제자로, 장오자는 도(道)를 깨우친 달인으로 등장한다. 그러니 구작자는 시비를 가려 시와 비를 둘[二]로 보는 쪽이고 장오자는 시비에서 벗어나 시(是)와 비(非)가 서로 통하는 하나[一]라고 보는 입장이다.

구작자가 장오자를 만나 물었다.

"제 선생께 들은 이야깁니다. 성인은 세상일에 아랑곳 않고 이익을 쫓지 않으며 피해를 피하지 않고 무엇을 구하려 하지도 않으며 한 가지 도에 매달리지도 않고 말하지 않아도 말하는 것이 되고 말해도 말하지 않는 것이 되면서 티끌 세상 밖에서 노닌다고 합니다. 선생님께서는 실없는 소리라고 하셨지만 제 생각에는 훌륭하게 도를 실천하는 것이라고 생각됩니다. 당신께서는 이를 어찌 생각하시는지요?"

이에 장오자가 대답한다.

"그런 이야기는 황제가 들어도 알 수 없을 터인데 하물며 공자 따위가 어찌 알 것이오. 당신 생각 또한 성급한 게지요. 그것은 달걀을 보고 새벽을 알려 주기를 바라거나 탄알을 보고 새 구이를 찾는 꼴과 같소. 당신에게 허튼소리 한번 해 볼까요. 그리 알고 들어주기 바라오. 성인은 해와 달을 어깨동무하고 우주를 겨드랑이에 낀 채 만물과 하나 되어 그냥 그대로 놓아두고 귀천을 따지지 않아요. 세상 사람들은 힘들여 일하지만 성인은 어리석어 멍하고 오랜 세월 온갖 것들과 뒤섞여도 맑기가 한결같다오. 만물은 있는 그대로 그냥[萬物盡然] 서로 감싸고 있다오[以是相蘊]."

"삶을 기뻐한다는 것이 미혹한 짓이 아닌지 내 어찌 알 것이오. 죽음을 싫어함이란 어려서 고향을 떠나 돌아갈 길을 잃은 자가 아닌지 내 어찌 알 것이오. 여희가 진 나라로 끌려갈 때는 울고불고 했다지만 임금과 잠자리를 같이하고 맛있는 음식을 즐긴 뒤부터는 울고불고했던 일을 후회했다지요. 이미 죽은 사람들도 삶을 바랐던 짓을 후회하지 않는지 내 어찌 알 것이오."

"꿈속에서 즐겁게 술 마시던 자가 아침에 깨어나 불행한 현실이 슬퍼 울고, 꿈속에서 울던 자가 아침이 되면 즐겁게 사냥을 떠나오. 꿈을 꿀 때는 그것이 꿈인 줄 모르고 꿈속에서 그 꿈을 점치다가 깨어나서야 그것이 꿈인 줄 아오. 나는 깨어 있노라 자만하고 아는 척하는 바보만이 군주를 받들어 모시고 소치는 목동을 업신여기는 차별을 하지요. 공자도 당신도 모두 꿈을 꾸고 있는 거요. 그리고 내가 당신에게 꿈 이야기를 한다는 것 또한 꿈이오. 이를 두고 매우 괴이한 이야기라는 것이오. 그 따위 이야기를 적궤(弔詭)라 하지요."

공자를 빌어 장오자를 비틀어 주려던 구작자는 입을 결국 닫고야 말았다. 시비를 걸려던 구작자는 장오자의 반문에 입이 없어졌다. 시비를 거는 자는 처음에는 이길 것 같지만 결코 이길 리가 없다. 시비는 다른 시비를 낳아 그칠 수 없는 까닭이다. 천지에는 시비가 없다. 천지에는 맞고 틀리는 것, 이기고 지는 것이 없는 까닭이다.

장오자의 말을 듣다 보면 모든 게 한바탕 꿈이라는 말이 실감난다. 장오자는 아마도 장자를 분장한 인물일 것이다. 장자도 인생을 꿈으로 여기니 말이다. 산다는 일을 두고 너무 나서서 아등바등하지 말라. 삶을 두고 이것이냐 저것이냐를 따지지 말라는 것이 장오자의 반문이다. 그러면 세상살이가 한결 부드럽고 편안해지리란 장오자의 말보다 더 반갑고 고마운 충고는 없다.

6. 장주(莊周) · 나비

《장자》의 우화 중에서 장주(莊周)가 꾼 '나비의 꿈'은 가장 널리 알려진 이야기다. 여기서는 장자가 장주라는 인물로 등장한다고 보면 된다. 이것과 저것의 차별이 없는 세상, 맞고 틀림의 시비가 없는 세상이 장자가 말하는 자연이요, 무위다. 물론 노자 역시 그러하다. 그래서 노자는 사람도 한낱 추구(芻狗)에 불과하다고 했다. 제사를 지낸 다음에 길가에 버려지는 풀강아지[芻狗]와 같이 별것 아니라는 말이다. 그러니 사람은 귀하고 벌레는 천하다고 하지 말라. 만물이 다 하나라고 생각하라는 것이 노자의 포일(抱一)이다. 어미가 새끼를 안듯이 만물을 품에 안아라[抱一]. 장주는 나비와 함께 그런 포일의 꿈을 꾼다. 장주는 언젠가 나비가 된 꿈을 꾸었다.

'나풀나풀 날아다니는 나비가 된 채 즐거이 노닐면서도 자기가 장주라는 사실을 깨닫지 못했다. 그러다가 문득 깨어나 보니 틀림없는 장주가 아닌가. 도대체 장주가 나비가 된 꿈을 꾼 것인가, 나비가 장주가 된 꿈을 꾼 것인가 하지만 장주와 나비 사이에는 구별이 있을 터이다[周與胡蝶則必有分矣]. 이를 일러 물화(物化)라고 한다.'

사람은 만물을 이것저것으로 나누어 귀천이니 시비를 지어 둘[二]로 보려고 한다. 그러한 둘이 상대(相對)를 짓는다. 그러나 하늘[自然]은 만물을 이것저것으로 나누되, 하나[一]로 본다. 그러한 하나가 상통(相通)을 이룬다. 만물은 서로 통한다. 그러면 걸릴 것이 없다. 장주가 나비가 되고 나비가 장주가 되었다고 해서 장주는 귀하고 나비는 천하다고 하겠는가.

세상을 힘 겨루기의 싸움터로 볼 것인가, 서로 껴안는 보금자리로 볼 것인가? 장주와 나비의 꿈은 우리에게 이렇게 묻고 있다. 자신의 마음에 따라 세상은 천국이 될 수도 있고 지옥이 될 수도 있다. 남의 탓으로 돌리지 말고 장주가 꾸었다는 나비의 꿈을 사서 꾸었으면 한다.

양생주
養生主

[요점]　　　　　　참된 삶을 누리고자 하는 것이 양생(養生)이다. 양생주(養生主)의 주(主)는 그런 삶을 누리게 하는 요체(要諦)를 말한다. 요체란 꼭 필요하니 잘 살펴 알아서 행하라 함이다. 물길을 따라 헤엄치면 수월하다. 그러나 물길을 거슬러 헤엄치면 힘이 들고 숨이 가쁘다. 물길 따라 헤엄치는 것은 자연을 따르는 것이고, 물길을 거슬러 헤엄치는 것은 자연을 어기는 짓이다. '자연을 따라 살라.' 이는 마음의 양생을 말한다. 마음이 편한 것보다 더 확실한 양생의 주는 없다. 지금은 몸보신이란 말만 무성하다. 몸에 좋다는 것이면 무엇이든 먹어 치우는 세상에서 장자의 양생주는 헛소리처럼 들릴 것이다. 그러나 아무리 몸이 건강해도 마음이 편치 못하다면 밤잠을 설친다. 마음고생 하느라 잠 못 이루고 있다면 수면제를 드느니 차라리 양생주를 읽는 편이 나을 것이다.

1. 포정(庖丁)·문혜군(文惠君)

포정(庖丁)의 포(庖)는 요리사를 뜻하고, 정(丁)은 사람 이름
이다. 문혜군(文惠君)을 두고 맹자가 만난 양(梁) 나라 혜 왕
(惠王)이라고 하는 설도 있지만 하여튼 군(君)은 임금이라는
뜻이다. 포정은 포정해우(庖丁解牛)로 알려진 유명한 우화에
등장하는 인물이다. 우화가 아니라면 어찌 요리사와 임금이
만날 수 있었겠는가. 이 우화에서 포정은 임금을 호되게 면박
한다. 임금이 왜 면박을 받아야 하는지 곰곰이 생각해 보라.
마음을 편히 할 줄 모르고 몸만 가꾸려는 사람은 모두 포정에
게 혼나야 한다.

포정이 문혜군을 위해 소를 잡은 일이 있다. 손을 대고 어깨
를 기울이고 발로 누르고 무릎을 구부리는 몸짓에 따라 칼질
소리가 낭랑했다. 그 칼질 소리는 운율에 딱 맞아 은(殷) 나라
탕 왕(湯王) 때의 명곡인 상림(桑林)의 무악(舞樂)에도 맞고, 요
(堯) 임금 시절의 명곡인 경수(經首)와도 맞았다. 이러한 포정
의 칼질을 보고 문혜군이 감탄했다.

"아, 너무도 훌륭하구나. 기술이 어찌 이런 경지까지 오를
수 있단 말인가!"

이에 포정이 되받아 아뢰었다.

"제가 반기는 것은 도(道)입니다. 재주 따위보다야 윗길입니다. 제가 처음 소를 잡았을 때는 눈에 보이는 것 모두가 소뿐이었습니다. 그러나 삼 년이 지나자 소의 모습은 눈에서 사라졌습니다. 요즘 저는 정신으로 소를 대하지 눈으로 보지 않습니다. 눈의 짓이 멎으니 자연히 정신이 작용합니다. 자연을 따라 소의 살과 뼈 사이의 빈 곳에 칼을 놀려 소의 몸이 생긴 대로 따라갑니다. 그런 칼질의 미묘함은 아직 단 한 번도 티끌만큼이나마 소의 살이나 뼈를 다치게 한 적이 없답니다. 하물며 큰 뼈다귀야 더 말할 것이 있겠습니까. 솜씨 좋은 소잡이가 일 년 만에 칼을 바꾸는 것은 살을 가르기 때문입니다. 평범한 보통 소잡이는 달마다 칼을 바꿉니다. 허나 제 칼은 십구 년 동안 수천 마리의 소를 잡았지만 칼날은 방금 숫돌에 간 듯하답니다. 뼈마디에는 틈새가 있지만 제 칼날에는 두께가 없습니다. 두께가 없는 날을 틈새에 넣으니 넉넉하여 칼을 넣어도 여유가 있습니다. 그래서 십구 년이나 칼을 썼어도 칼날은 방금 간 것 같답니다."

문혜군은 포정의 말을 듣고 양생(養生)의 도(道)를 터득했다며 실토했다. 문혜군은 현명한 임금이 된 셈이다. 이는 물론 우화이니 가능한 일이다. 그러나 우화가 아닌 현실이었더라면 포정은 큰 벌을 받았을 것이다. 어디 감히 소잡이 따위가

임금을 능멸하냐며 아마도 살아남지 못했을 것이다. 그러나
장자의 자연에는 임금도 없고 신하도 없고 양반도 없고 상것
도 없다. 사람은 다 같은 사람이고 참새는 다 같은 참새이고
노루는 다 같은 노루이기 때문에 그냥 그렇게 절로 함께 산
다. 이는 능력이 아니라 목숨을 소중히 하고 살기 때문이다.
기술보다 정신을 소중히 하는 포정(庖丁)이 지금 세상에 온다
면 천하의 바보가 될까 싶어 무섭다.

2. 공문헌(公文軒) · 우사(右師)

공문헌(公文軒)에 대해서는 성씨가 공문(公文)이고 이름이
헌(軒)이며 송(宋) 나라 사람이라는 설이 있다. 우사(右師) 역
시 송 나라 사람이라는 설이 있다. 그러나 이 둘을 장자가 만
들어 낸 우화 속의 인물로 쳐도 크게 어긋날 것은 없다. 우화
에서 무엇을 두고 그것이 확실하냐고 따지는 것은 못난 짓이
다. 여기서는 우사가 공문헌에게 던지는 말을 곰곰이 생각해
볼 일이다. 우사를 본 공문헌이 놀라서 물었다.

"아니, 이 사람아 이게 어찌된 일인가? 어째서 외발이 되었
단 말인가[惡乎介也]? 하늘 탓인가[天與], 사람 탓인가[其人與]?"

"하늘 탓일세[天也]. 사람 탓이 아닐세[非天也]. 하늘이 나를
낳아 외발이 되게 한 거야[天之生是使獨也]. 사람에게는 두 발

이 있게 마련이야. 이것으로 보아도 내가 외발이 된 것은 하늘의 탓이지 사람의 탓이 아니야."

오호개야(惡乎介也)라고 묻는 것으로 보아 공문헌은 우사가 벌을 받아 한쪽 발을 잘린 것을 알고 있었던 셈이다. 개(介)는 곧 월(刖)로 통하니 말이다. 월(刖)은 발꿈치를 칼로 잘라 냈다는 말이다. 옛날 중국의 다섯 가지 큰 형벌 가운데 하나가 월(刖)이었다.

공문헌처럼 남의 아픈 곳을 들추어내지 말라. 만약 우사가 공문헌의 물음에 사람 탓이라고 했다면 그 둘은 죽이 맞아 죽일 놈, 살릴 놈 하면서 주둥이로 분풀이를 했을 것이다. 하지만 그러면 그럴수록 그 입질에 놀아난 인간만 사납고 더러워진다. 하늘의 탓이라고 밝혀 공문헌의 입을 막아 버리는 우사는 사람의 짓거리[人爲]가 얼마나 사납고 잔인한가를 되짚어 보게 한다. 사람은 하늘이 낳았지만 그 사람의 발을 잘라 낸 것은 사람의 짓거리가 분명한데 왜 우사는 하늘의 탓으로 돌렸단 말인가?

언젠가 한 재벌가의 왕회장이 청문회에서 왜 그렇게 많은 돈을 주었느냐는 질문에 좀 편히 살고 싶어 그랬노라고 했던 일이 기억난다. 그 당시 물었던 쪽은 공문헌인 셈이고 대답한 쪽은 우사라고 보면 된다.

인간세
人間世

[요점]　　　　　인간세(人間世)란 사람이 사는 세상을 말한다. 이 편은 세상살이를 헤아려 보게 한다. 장자가 어지럽고 더러운 세상을 피해 편안히 살라고 한다 해서 세상을 피해 숨어살라는 것은 아니다. 시장판에서도 마음 편히 사는 길이 있다는 것이 장자의 무위자연(無爲自然)이다. 함께 살면서 어떻게 살아야 마음 편히 사는가를 밝혀 주려는 것이 곧 〈인간세〉 편이다. 속세를 피해 홀로 사는 일은 쉽다. 오히려 함께 더불어 살면서도 마음 편히 사는 일이 더 어렵다.

이 편에는 중니(仲尼)가 등장한다. 중니는 공자의 자(字)로, 결국엔 공자가 우화의 주인공으로 등장하는 셈이다. 물론 장자는 공자의 인의(仁義)가 옳다는 것이 아니라 그것이 오히려 사람을 거추장스럽고 부담스럽게 하여 불편하게 한다는 것을 깨우쳐 주려고 우화 속의 주인공으로 삼았을 것이다. 〈인간세〉의 우화에는 공자가 마치 도가(道

家)의 대변인처럼 등장하고 있다. 이는 유가를 비판하려는 수법일 것이다.

특히 이 편은 공자와 안회(顔回)의 문답에 나타나는 심재(心齋)와, 장석(匠石)과 제자 사이의 문답을 이루는 무용(無用)의 용(用)을 헤아리게 한다. 말미에 등장하는 '다가올 세상을 욕심스레 기다리지 말고 흘러간 세월을 붙들고 좇지 말라'는 접여(接輿)의 노래는 우리네 가슴을 친다.

[인간세의 인물들]

1. 중니(仲尼)·안회(顔回)

안회(顔回)는 공자가 가장 아끼고 사랑했던 제자로 알려져 있다. 안회의 죽음 앞에서 공자가 하늘을 원망했을 만큼 그의 덕은 높았다고 한다. 안(顔)은 성씨이고 회(回)는 이름이며 자는 자연(子淵)이었고 초 나라 사람이었다 한다. 그런 안회가 공자에게 여행을 떠나겠다고 아뢰는 장면으로 중니(仲尼)의 우화는 시작된다. 중니가 어디로 가려 하느냐고 묻자 안회가 아뢴다.

"위(衛) 나라로 가려고 합니다."

"무엇 하러 가려 하느냐?"

"위 나라의 젊은 임금이 독재를 하면서도 잘못을 깨닫지 못하고 백성을 함부로 다룬답니다. 전에 선생님께서 저에게 이렇게 말씀하셨습니다. '잘 다스려지는 나라에서는 떠나고 어지러운 나라로 가라. 의사 집에 아픈 사람들이 많이 모이는 것과 같은 까닭이다.' 저도 그 말씀을 따라 위 나라로 가려고 합니다."

이에 중니가 타이르며 말했다.

"가지 말아라. 가 봤자 처벌만 받고 말리라. 도를 지키려면 번거로워서는 안 된다. 번거롭다는 것은 일이 많다는 뜻이고, 일이 많으면 혼란스러워 근심이 생기는 법이다. 그래서는 남을 구할 수 없다. 옛날의 지인(至人)은 자기부터 도를 갖춘 다음에 남이 그러하도록 했다. 자기의 도가 아직 온전치 못한데 난폭한 자를 간섭할 겨를이 어디 있겠는가. 어떻게 덕이 없어지고 지식이 어찌 생기는지 아느냐? 명예욕 탓에 덕이 없어지고 경쟁심에서 지식이 생기는 법이다. 명예는 서로 헐뜯고 지식은 서로 겨루려 하지. 명예와 지식은 흉기(凶器)여서 써서는 안 되는 것이니라. 또한 왕의 위세(威勢)로 너를 누르고 달변(達辯)으로 너를 이기려고 덤빌 것이다. 그러면 너는 어안이 벙벙해져서 상대방에게 질질 끌려들고 말 거야. 이는 불을 끄려다 불을 지피고 물을 막으려다 물을 붓는 꼴이지. 이런 짓을 군더더기(益多)라고 한다. 충성스런 의견을 말하다가 공연히 목숨을 잃게 될 수도 있어. 옛날 걸(桀) 왕은 관용봉(關龍逢)을 죽였고, 주(紂)는 비간(比干)을 죽였지. 이들은 모두 포악한 군주의 뜻을 거역한 사람들이지. 결국 명예를 좋아한 사람들이야. 성인도 명예와 재물이라는 유혹을 이길 수 없는데 하물며 자네야 더 말할 게 있겠는가. 자네 말을 한번 들어 보고 싶네."

이에 안회가 아뢰었다.

"마음을 단정히 하여 잡념을 없애고 애써 깨끗한 마음가짐이면 되겠습니까?"

"안 되지. 위 나라 임금은 성질이 사납고 변덕스러워 제 맘대로 한다지. 제 입장만 챙기고 남에게 감화를 받을 리 없어. 그러니 될 리가 있겠는가."

"그렇다면 마음을 곧게 지니고 외모를 부드럽게 하여 옛 사람의 말을 인용해 보겠습니다. 마음이 곧은 자는 하늘과 한 무리가 될 것입니다. 저 역시 신하의 도리를 다할 것입니다. 남이 하는 대로 하면 남도 헐뜯지 않을 것입니다. 이런 것을 남과 한 무리가 되었다고 합니다. 그리고 옛 사람의 말을 빌리면 옛 사람과 한 무리가 되는 겁니다. 옛 사람의 말로 꾸짖으면 옛 사람의 것이지 제 것은 아닙니다. 이렇게 하면 화를 면할 것입니다. 이렇게 하면 되겠습니까?"

다시 중니가 말했다.

"안 되겠어. 이유가 많고 마땅치가 않아. 고루하다 해서 벌받을 일이야 있겠냐만은 상대방을 감화시킬 순 없지. 자넨 생각에만 얽매여 있다네."

중니는 더 이상 모르겠다는 안회를 향해 다시 타일렀다.

"재계하라[齋]. 자네에게 말하지만 사심(私心)을 품은 채 재계한다 해서 되겠나. 하늘은 재계를 얕보는 이를 좋아하지 않아."

"저는 가난하여 술이나 자극적인 채소를 먹지 않은 지 오래됩니다. 이러니 재계된 것 아니겠습니까?"

"그런 것은 제사지낼 때의 재계지[是祭祀之齋] 마음의 재계는 아니야[非心齋也]."

안회가 다시 아뢰었다.

"제발 심재(心齋)를 가르쳐 주시기 바랍니다."

중니가 대답했다.

"잡념을 없애라[若一志]. 귀로 듣지 말아라[無聽之以耳]. 마음으로 들어라[聽之以心]. 마음으로 듣지 말고[無聽之以心] 기(氣)로 들어라[而聽之以氣]. 소리는 귀에서 멈추고[聽止於耳] 마음은 사물에 맞추어 멈출 뿐이야[心止於符]. 기라는 것은[氣也者] 텅 비어서 무엇이든 다 받아들이지[虛而待物者也]. 참된 도만이 빈 것에서 모이고[唯道集虛] 빈 것이 곧 심재니라[虛者心齋也]."

마음을 비워라[心齋]. 오상아(吾喪我)니 좌망(坐忘)이니 무기

(無己)니 무친(無親)은 모두 다 심재다. 어렵게 생각할 것 없이 나[我]라는 것을 없애면 심재라고 안회에게 타일러 주는 중니는 이미 유가(儒家)의 공자가 아니라 도가(道家)에 입문한 듯 유도집허(唯道集虛)라고 단언한다. 도(道)를 허(虛)로 보면 곧 무위자연이 된다.

장자는 위 나라로 가서 독재를 일삼는 임금을 잘 설득해 성군으로 만들어 보겠다는 안회를 빗대 공자를 비판하고 있는 중이다. 공자 역시 힘으로 세상을 다스리는 임금을 설득해 덕으로 세상을 다스리는 성군으로 바꾸어 보겠다고 천하를 두루 돌아다니지 않았던가. 그런데 이 우화에서는 공자를 흉내내려는 안회를 공자가 말리고 있다. 우화가 아니면 도저히 불가능한 방법으로 공자의 치세(治世)를 나무라고 있는 셈이다. 어떻게 나무라고 있단 말인가? '심재(心齋)하라. 즉 마음을 텅 비워라[心齋]. 그러자면 나를 줄여 작게 하라[少私]. 그리고 내 욕심을 줄여라[寡欲]. 소사과욕(少私寡欲)이 곧 심재(心齋)의 들머리다' 라는 말로 나무라고 있다.

2. 거백옥(蘧伯玉) · 안합(顔闔)

안합(顔闔)은 노(魯) 나라의 현인이라고 한다. 〈양왕(讓王)〉 편에도 나오며, 노 나라의 임금이 그를 두고 도(道)를 깨친 자라고도 했다 한다. 거백옥(蘧伯玉)은 위(衛) 나라의 대부(大夫)로, 거(蘧)는 성씨이고 백옥(伯玉)은 자이며 이름은 원(瑗)이다. 《논어(論語)》의 〈위령공(衛靈公)〉 편에는 그를 두고 공자가 군자라고 했다는 대목이 나온다. 그렇다고 여기서 두 사람이 역사적 사실을 두고 만나 대화했다고 볼 것은 없다. 장자가 우화의 작중 인물로 등장시켰다고 상상하면 더욱 재미나는 까닭이다. 《장자》 속의 우화를 두고 사실 여부를 따질 필요가 없다는 말이다. 우화를 통해 나름대로의 체험을 하면 마음이 편안하고 커지는 즐거움을 맛볼 수 있기 때문이다.

안합이 위 나라 영공(靈公)의 태자(太子)를 보좌하기 위해 위 나라에 가 있었다. 안합이 거백옥에게 물었다.

"이런 사람이 있습니다. 그자에게는 본래부터 덕이 별로 없습니다. 이런 자와 무도한 짓을 하다간 나라를 위태롭게 할 것이고 함께 바른 일을 하려면 내 몸이 위태로워질 것입니다. 그 사람은 남의 허물을 알아볼 수는 있으나 허물의 원인까지는 모릅니다. 이런 사람을 어찌하면 좋겠습니까?"

이에 거백옥이 대답했다.

"잘 물었습니다. 조심하고 삼가야 합니다. 당신의 몸가짐을 바르게 해야 합니다. 겉으로는 따르는 것처럼 하고 그와 마음을 어울리게 하는 것이 좋을 것입니다. 그러나 두 가지 걱정거리가 있습니다. 따르되 아주 하나가 되어서는 안 될 것이고, 마음을 어울리게 하되 드러나서는 안 될 것입니다. 겉으로 따르다가 한통속이 되어 버리면 파멸하고 말 것입니다. 마음을 맞추다가 드러나면 소문이 나 화를 입을 것입니다. 그 자가 갓난아이가 되면 당신도 갓난아이가 되고 못되게 굴면 당신도 그렇게 하고 그 자가 방종하면 당신도 함께 방종하십시오. 그자가 하는 대로 하면서 허물없는 경지로 끌어들이는 겁니다."

거백옥은 계속해서 말을 이었다.

"사마귀를 아실 테지요. 사마귀는 팔뚝을 휘둘러 수레와 맞섭니다. 제 힘으로 수레를 감당할 수 없음을 모르기 때문이지요. 오로지 제 능력만이 훌륭한 줄 아는 탓이요. 그러니 조심하고 삼가야 합니다. 자신의 훌륭한 것만 믿고 상대방의 비위를 거스르면 위험합니다. 호랑이를 사육하는 자를 아시지요. 그들은 호랑이에게 먹이를 먹일 때 산 채로 주지 않으려고 한답니다. 호랑이가 살기를 품기 때문이지요. 통째로 주지도 않아요. 찢어발기려는 호랑이의 노기 때문입니다. 굶주렸을 때와 배부를 때를 잘 맞춰 호랑이의 성질머리를 맞춰 가는 것입니다. 자기를 길러 주는 자를 알아보는 호랑이의 본성을 쫓는 까닭입니다. 그러나 호랑이가 사육자를 죽이는 것은 호랑이의 본성을 거역한 탓입니다. 말을 사랑하는 자는 광주리로 똥을 받아 담고 대합조개로 장식한 그릇으로 오줌을 받는다지요. 그러나 어쩌다가 모기나 등에가 달라붙어 있다고 그것들을 갑자기 후려치면 말은 자기 몸을 치는 줄 알고 재갈을 물어뜯고 목과 가슴을 쳐 고삐를 끊어 버리지요. 사랑하는 마음이 지극하면서도 그 사랑을 잃는 경우가 허다합니다. 하오니 어찌 삼가지 않을 수 있겠습니까."

태자를 사마귀와 호랑이, 그리고 말과 겹쳐 생각해 보고, 안합을 사육자와 겹쳐 생각해 보면 왜 세상을 경계하고 삼가며 살아가야 하는지를 나름대로 짐작할 수 있을 것이다. 세상이란 본래 내 것이 아니므로 내 뜻대로 될 수 없다는 사실을 잊어서는 안 된다. 사람이든 짐승이든 벌레든 저마다 제 본성에 따라 산다. 본성을 무시하고 억지를 부리면 될 일도 안 된다는 거백옥의 충고를 안합은 어떻게 받아들일까? 이렇게 물어볼 필요도 없다. 오히려 세상 사람들을 위 나라 영공의 태자이자 안합이라고 상상하면서 거백옥의 충고를 들으면 어떨까 싶다.

우리는 이미 덕(德)이라곤 없는 상태가 되어 버렸다. 후덕(厚德)한 사람을 만나기가 하늘의 별 따기인 세상이 아닌가. 참으로 부덕(不德)한 세상에 사는 사람들은 덕이 없다는 태자(太子)처럼 오만하고 방자하게 살기를 마다 않는다. 지금도 우리는 저마다 태자처럼 살자고 아우성이다. 그런 살얼음판에서 어찌 조심하지 않을 것이며 어찌 삼가지 않을 것인가. 거백옥은 우리에게 조심조심 살라 하고, 살기를 삼가라고 한다. 한마디로 겸허하게 살라는 말이다. 그러기 위해서는 억지를 부리지 말아야 한다. 억지가 없는 삶이야말로 무위(無爲)의 이웃으로 가는 길목인 셈이다.

3. 장석(匠石) · 역사(櫟社)

장석(匠石)의 장(匠)은 직공(職工)을 말하고 석(石)은 포정(庖丁)의 정(丁)과 마찬가지로 이름이다. 장(匠)은 쇠를 다루면 대장장이를 뜻하고 나무를 다루면 목수를 뜻한다. 여기서는 상수리나무[櫟]와 관련된 우화이니 장석의 석(石)은 목수로 보면 된다.

우화는 장석이 제(齊) 나라로 가다가 토지신(土地神)을 모신 사당에 있는 상수리나무를 만나는 것으로 시작한다. 그 나무는 수천 마리의 소를 가릴 만큼 크고 몸 둘레가 백 아름이나 되며 높이는 산을 내려다볼 지경이다. 구경꾼들이 장터처럼 모여 그 나무를 구경하지만 장석은 그 나무를 거들떠보지도 않고 지나쳐 버린다. 그러나 장석의 제자는 멈춰 서서 큰 상수리나무를 구경한다. 그리고는 장석에게 달려와 왜 저렇게 좋은 재목을 구경하지 않고 그냥 지나치느냐고 묻는다. 이에 장석이 대꾸한다.

"그만, 그런 소리 말게. 저건 보잘것없는 나무일세. 배를 모으면 가라앉을 것이고, 널을 짜면 곧 썩을 것이고, 기물을 만들면 곧 부서질 것이고, 문을 만들면 진이 흐를 것이고, 기둥을 만들면 좀이 생길 것이지. 그러니 저것은 재목감이 아니지. 쓸모가 없으니까 저렇게 오래 산 거야."

장석이 집으로 돌아온 날 밤 꿈에 역사(櫟社)가 나타나 말을 걸었다.

"네가 나를 어디다 비교하려 하느냐. 나를 쓸모있다는 나무와 비교하려느냐. 배나무나 유자나무는 열매 탓에 잡아 뜯겨 가지가 부러지고 상처를 입고 살아. 이는 열매를 맺는 탓에 살기가 괴로운 거야. 그래서 천명을 다하지 못하고 죽어나지. 모두 다 사람에게 당한 거야. 그러나 나는 쓸모있는 데가 없기를 늘 바라 왔어. 죽을 고비를 여러 번 당하면서 오늘에서야 비로소 뜻을 이루었지. 내가 만일 쓸모있는 것이었다면 어찌 이토록 클 수 있었겠나. 너도나도 다 하찮은 거야. 그런데 어찌하여 서로를 헐뜯는가. 죽어 가면서 쓸모없는 인간이 어찌 쓸모없는 나무를 알겠는가."

장석이 깨어나 꿈 이야기를 하자 제자가 물었다.

"쓸모없기를 바란다면 어찌 사당의 나무가 되었단 말입니까?"

"자넨 잠자코 있게. 그 상수리나무[櫟]도 사당에 의지해 있는 셈이지. 저 나무가 목숨을 보존하려는 짓은 세상의 것들과는 달라. 사당의 나무라서 저 나무를 기리는 것은 당치 않아."

수천 마리의 소를 가릴 만큼 크고 몸 둘레가 백 아름이나 되며 높이는 산을 내려다볼 만큼 큰 나무를 보고 쓸모없는 나무라고 비웃었던 장석은 꿈에 그 상수나무를 만나 자신의 비웃음이 잘못이었음을 체험하게 된다. 장자가 나비의 꿈을 꾸어 만물이 하나임을 체험했듯이 장석도 꿈속에서 쓸모없음이 곧 쓸모[無用之用]인 것을 터득한 셈이다. 천지의 입장에서 본다면 세상에 쓸모없다고 비웃을 것은 하나도 없다. 밥도 쓸모있고 똥도 쓸모있다. 밥 먹지 않고 살 수 있는 놈 없고 배설하지 않고 살 수 있는 놈 없다. 그러니 사람의 입장에서 쓸모가 있고 없음을 단정하지 말라. 삼라만상 앞에 죄송한 마음가짐으로 살라. 이 또한 심재(心齋)하라는 말이다.

사람 위주로 세상 만물을 바라보지 말라. 이미 세상은 사람의 것이 아님을 노장(老莊)은 알았다. 지구를 마치 인간의 것인 양 마구 파먹고 있는 탓에 지구가 병들어 가고 있지 않은가. 그러나 이것이 결국 천벌(天罰)로 통한다는 사실을 당하기 전에는 인간은 모를 모양이다. 이 우화 속에 등장하는 상수리나무는 '무용(無用)의 용(用)'을 깨우쳐 준다. 너무 효능만 따져 살지 말라 함이다. 그러나 인간은 쓸모없음을 가치 없다고 팽개치면서 일 초를 십억 분의 일로 쪼개 쓴다는 나노 기술(Nano Technology)을 자랑하며 겁 없이 살고 있다. 겁 없이 살면 험하게 죽는다.

4. 지리소(支離疏)

지리소(支離疏)의 지리(支離)는 완전히 흩어져 본래 모습을 짐작할 수 없다는 말이다. 지리멸렬(支離滅裂)의 준말이라고 여겨도 무방하다. 그리고 소(疏)는 이름이라는 설이 있다. 하여튼 지리소는 형편없이 망가져 상상하기 힘든 불구자라는 뜻이다. 옛날 그리스의 어느 마을 앞에서 곤충을 들어 우화를 남겼던 불구자 이솝(Aesop)도 지리소인 셈이다.

지리소라고 불리는 사나이의 턱은 배꼽을 가리고 어깨는 정수리보다 높고 두 넓적다리는 양옆구리에 닿아 있었다. 옷을 깁거나 빨래하는 일로 충분히 먹고살 수 있었고 키질을 해 쌀을 골라 열 식구를 먹여 살릴 수 있었다. 나라에서 징병을 해도 팔을 젓고 다닐 수 있었고 부역을 동원해도 불구자라는 이유로 불려 가지 않았다. 나라에서 배급을 줄 때는 남들보다 더 많이 받아 갔다. 몸이 온전치 못해도 몸을 보전해 천명을 유지하거늘 지리소의 덕이야 물어볼 것도 없다.

지리소는 자기 몸이 허락하는 대로 열심히 일해서 먹고살았다. 비록 불구의 몸이었지만 그 덕에 부귀영화나 명성, 야망 따위를 꿈꾸지 않는 자유를 누렸다. 몸이 성한 사람들은 그런 지리소를 두고 병신이라고 비웃겠지만 덕이 지극한 사람은 오히려 지리소가 누리는 삶을 소중하고 귀하다고 여긴다. 지리소야말로 인생사 새옹지마(塞翁之馬)의 원형이리라 싶다. 몸이 성하다고 건방 떨지 말라. 지리소의 몸뚱이가 쓸모없다고 말하지 말라.

5. 광접여(狂接興)

광접여(狂接興)는 앞의 〈소요유〉에서 이미 나왔던 인물이다. 견오(肩吾)가 접여(接興)에게 들었다는 이야기를 상기해 보면 된다.

"너무 터무니가 없어. 앞으로 나갈 줄만 알지 되돌아올 줄은 모른단 말이야. 은하수처럼 마냥 계속되는 것만 같아 온몸이 오싹해졌다네. 너무도 상식에 어긋난단 말일세."

미친 사람 행세를 하면서 살았던 까닭에 미친[狂] 접여라고 불렸다는 바로 그 편이다.

힘의 다스림[覇道]을 버리고 덕의 다스림[王道]을 취하게 하려고 공자가 천하를 두루 돌아다녔다는 것은 다 아는 일이다. 그런 공자가 초 나라에 들렀을 때 어느 여관에 머물렀던 모양이다. 이때 미친 척하고 살던 접여가 공자가 묵고 있는 여관 앞을 오가면서 노래를 불렀다.

'봉황이여, 봉황이여! 어찌해 네 덕이 쇠했느냐? 앞날은 기대할 것이 없고 지난날은 좇을 수가 없구나. 세상에 도가 있다면 성인은 그 도를 이룩하지만 천하에 도가 없으면 성인은 그냥 산다네. 지금 세상은 형벌을 피하는 게 고작일 뿐 행복은 깃털보다 가벼우나 담을 줄 모르고 재앙은 땅보다 무거워도 피할 줄 모른다네. 그러니 그만두게, 그만둬. 도덕으로 사람을 대하다니 위험하다네. 땅에 금을 긋고 허둥대는 짓[畵地而趨]일세. 가시나무여, 가시나무여! 내 가는 길을 막지 말라. 내 가는 길은 구불구불 위험을 피해 가나니 내 발에 상처를 내지 말라. 산의 나무는 제 몸을 잘리고 등불은 제 몸을 태운다네. 계수나무는 먹거리로 베어지고 옻나무는 칠 때문에 긁혀진다네. 사람들은 쓸모있음의 쓸모만 알지 쓸모없음의 쓸모는 모른다네.'

접여가 불렀다는 무용(無用)의 노래. 공자를 봉황이라 추켜세우며 부질없는 짓을 말라는 접여. 도가 없어져 폭군이 힘으로 세상을 주물러 대는 난세에 공자가 밝히려는 인의도덕은 쇠하고 말았다는 뜻이다. 이를 안타깝게 여기면서 공자가 다 칠세라 그만두라 하는 접여. 공자도 접여가 죽음이 무서워 미친 척하며 사는 것이 아닌 줄 알아보았는지 타고 가던 수레에서 내려 말을 붙이려 했다. 그러나 접여는 어느새 도망가 버리더니, 공자가 묵고 있는 문간 앞에 찾아와 폭군을 설득하려는 짓을 그만두라는 노래를 부른다.

가시나무를 하나의 세상이라고 상상해 보라. 그리고 그 가시나무의 가시를 폭군으로, 그 가시나무에 앉아 있는 새를 봉황으로 상상해 보라. 물론 봉황은 공자를 빗대리라. 봉황이라면 본래 오동에 앉아 있어야 하거늘 왜 가시나무에 앉아 있단 말인가. 그런 봉황이라면 내 갈 길을 막지 말라는 접여. 그래서 접여는 공자를 향해 유명한 말을 남겼다.

"화지이추(畵地而趨)."

땅에 금을 그어 놓고[畵地] 그 금 안에서만 뱅뱅 달린다[趨]는 말을 새겨 보라. 공연한 고집이란 부질없는 것이다. 그러니 부질없는 짓 하지 말라. 그렇다면 화지이추(畵地而趨)란 공자가 설파하려고 하는 인의예지신(仁義禮智信)을 암시하는 것이 아닌가 말이다. 쓸모있다는 것[仁義禮智信]을 화지이추로 암시한다고 상상해 보라. 그러면 무위자연(無爲自然)은 저절로 쓸모없음의 쓸모가 되리라. 접여여, 그대는 오동에 앉을 봉황을 기다리고 있는 중인가? 그러나 오동이 어찌 가시나무 밭에 살겠는가.

땅에 그어 놓은 동그라미가 감옥으로 통하던 때가 있었다
한다. 물론 요순(堯舜) 때보다도 더 오랜 옛날의 이야기다. 죄
가 작으면 동그라미가 좀 컸고 죄가 크면 동그라미가 작았다.
그 감옥에 들어간 사람이 얼마 동안 거기에 가만히 서 있으면
옥살이를 하는 것이었다. 그때는 금을 벗어나는지 지키는 간
수도 없었다지만 옥에 든 사람도 벌로 받은 시간만큼 그 안에
가만히 서 있었다고 한다. 얼마나 순박한 인간세(人間世)인가.
지금에 와서 보면 그 시절에는 결코 죄인이랄 게 없었다. 동
그라미를 감옥으로 쳤던 화지(畵地)는 무위자연으로 산 시절
의 땅금 긋기였던 셈이다. 접여는 그런 시절로 되돌릴 수 없
는 자신의 현실을 서러워한다. 그래서 지난날을 따라 쫓을 수
없고[往世不可追] 앞날은 기대할 것이 없다[來世不可待]고 한탄
한다. 막막하고 답답한 세상을 어이하리. 지금도 접여의 노래
는 유효하니 말이다. 그래도 가시나무에 앉은 새라도 있었으
면 좋겠다.

덕충부
德充符

[요점]　　　　덕충부(德充符)의 충(充)은 마음속에 덕이 충
만하다는 말이고, 부(符)는 마음속에 그득한 덕이 겉으로 드러난다
는 뜻이다. 단군신화에 나오는 천부인(天符印) 역시 하늘의 뜻[天]이
겉으로 드러나는(符) 인장이라는 말이듯 덕충부도 덕이 충만하면 절
로 드러남을 뜻한다. 그래서 장자는 이 편에서 겉으로 보기로는 불
완전해도 마음속에는 덕을 그득 갖춘 인물들을 차례차례 소개한다.
후덕한 인물들이 등장하는 우화 속으로 들어가 보라. 그러면 부덕한
인간이 불행한 것은 너무나 당연하다는 것을 알게 되리라. 부덕하면
서 세상이 제 뜻대로 되기를 바라는 것은 산마루에 올라 배를 띄워
보겠다는 욕심과 같다. 덕충부는 속 좁은 인간을 한순간이나마 부끄
럽게 한다. 그러나 부끄럽게 한 만큼 그 사람을 대인이 되게도 한다.

1. 왕태(王駘)

왕태(王駘)는 노 나라 사람으로, 올자(兀者)였다고 한다. 발 하나를 잘린 것을 올(兀)이라 하며, 올은 월(刖)과도 통한다. 발꿈치를 자른다[刖]는 것은 무거운 형벌을 뜻한다. 무도한 세 상은 후덕한 자를 벌하려고 한다. 부덕한 자의 눈에는 후덕한 사람이 거슬리기 때문이다. 그래서 부덕이 후덕을 내몬다는 것이다.

한쪽 발을 잘린 왕태를 따라 배우는 자가 많았다. 왕태의 제 자들은 공자를 따르던 제자들만큼이나 많았다. 공자의 제자 인 상계(常季)가 공자께 물었다.

"왕태는 절름발이입니다. 그런데 선생님 제자와 그의 제자 가 노 나라를 절반씩 나누어 가질 지경입니다. 서서 가르치는 것도 아니고, 앉아서 가르치는 것도 별로 없다는데 텅 빈 마 음으로 갔다가[虛而往] 가득 채워 돌아간다[實而歸]고 합니다. 본래 말 없는 가르침[不言之敎]이라는 것이 있어서 드러내지 않아도 마음이 완성된 건가요? 왕태는 어떤 사람입니까?"

이에 중니가 대답했다.

"그분은 성인(聖人)이야. 내 이럭저럭하다 아직 그분을 찾아뢸지는 못했지만 나도 그분을 선생으로 모실 작정인데 나보다 못한 자라면 더 말할 게 없단다. 노 나라 사람들뿐만 아니라 온 세상 사람들을 다 이끌고 그분을 따르려 한다."

상계가 되물었다.

"왕태는 형벌을 받아 한 발이 잘려 나간 병신인데 선생님보다 덕이 훌륭하다 하시니 몹시 뛰어난 분인 모양입니다. 그런 분은 마음가짐이 독특할 터인데 어떠합니까?"

다시 중니가 대답했다.

"생사(生死)가 중대한 일이지만 그런 분은 변화한다고 해서 덩달아 변화하지 않고 하늘이 뒤집히고 땅이 꺼진다고 해도 그저 그냥 여전하지. 진실을 잘 터득하여 사물을 따르기에 변덕스럽지가 않아. 사물의 변화를 하늘의 뜻으로 알아[命物之化] 도의 근본을 지켜 나가지[守其宗也]."

이에 상계가 무슨 말씀이냐고 묻자 다시 중니가 말한다.

"서로 다른 입장에서 본다면[自其異者視之] 한몸뚱이 속의 간과 쓸개도 초 나라와 월 나라와 같고[肝膽楚越也], 서로 같이 본다면[自其同者視之] 만물은 다 같이 하나지[萬物皆一也]. 무릇 왕태와 같은 분은[夫若然者] 눈이나 귀가 좋아하는 것을 모르고[不知耳目之所宜] 마음을 덕과 어울려 놀게 하고[遊心乎德之和] 만물에서 서로 하나 됨을 보고[物視其所一] 몸뚱이가 잃은 것을 보지 않아[不見其所喪]. 발 하나 잃어버린 것을[視喪其足]

묻은 흙을 털어 내는 정도로 생각할 뿐이지[猶遺土也]."

빛 좋은 개살구라는 말처럼 겉보기는 건사한데 심술은 용
렬하여 못된 짓을 일삼는 인간들이 얼마나 많은가. 저 잘났다
고 큰소리치는 군상들은 남의 뱃속에 든 똥은 더럽다며 호들
갑을 떨면서도 자기 자신이 똥자루인 줄은 모른다. 공자의 제
자라는 상계는 지금 왕태의 겉만 볼 줄 알지 마음속은 볼 줄
모른다. 이런 상계야말로 똥자루에 불과하다. 두 발이면 성하
고 외다리면 병신이라고 차별하는 상계는 올(兀)이라는 형벌
이 하늘의 뜻이 아니라 인간의 짓인 줄을 모른다. 부덕한 세
상이 후덕한 왕태를 벌했지만 하늘이 어찌 왕태를 버리겠는
가. 그래서 이 우화는 상계를 시켜 공자의 입을 빌어 허이왕
(虛而往) 실이귀(實而歸)를 묻게 하고 있는 셈이다.

허이왕(虛而往)의 허(虛)는 덕이 없다는 말이고 왕(往)은 왕
태를 찾아왔다는 말이다. 그리고 실이귀(實而歸)의 실(實)은
덕을 가득 채웠다는 뜻이고 귀(歸)는 왕태의 가르침을 받고
떠났다는 말이다. 공자는 부덕한 인간이 왕태를 찾아왔다가
후덕한 인간으로 변해서 떠나게 하는 왕태의 가르침을 불언
지교(不言之敎)라고 제자에게 가르쳐 준다.

왕태는 말하지 않고 가르친다[不言之敎]. 불언지교란 지식
(知識)을 가르치는 것이 아니라 상덕(常德)을 가르친다는 말이
니, 불가(佛家)의 이심전심(以心傳心)과 같다고 여겨도 무방하

리라. 어쩌면 왕태도 여래(如來)처럼 미소지었을까? 하여튼
왕태를 만나면 부덕한 인간이 후덕한 인간으로 변한다니 공
자가 왕태를 선생으로 모신다 한들 놀랄 것은 없다.

2. 숙산무지(叔山無趾)

노 나라의 숙산(叔山) 역시 월형(刖刑)을 당한 올자(兀者)였
던 까닭에 무지(無趾)라고 불렸다. 무지는 복사뼈 밑에 달려
있어야 할 발[趾]이 없다는 말이다. 죄를 범한다며 칼로 몸뚱
이 부분이 잘려[刖] 절름발이가 되어 버린 올자는 인위(人爲)를
비유한다고 보아도 된다. 올자는 사람의 짓이지 하늘이나 땅
의 짓이 아니기 때문이다. 사람의 두 발은 본래 자연인데, 그
중 한 발을 못쓰게 만들어 사람의 편한 발걸음을 빼앗은 올자
라는 인위가 멀쩡한 사람을 불구로 만든 것이다. 자연에는 불
구자가 없다. 여기서 장자는 노자를 통해 무지로 하여금 우화
로써 공자의 인위를 통박하게 한다. 인위를 천형(天刑)이라고
통렬히 비판한다.

숙산무지가 절뚝거리며 중니를 찾아왔다. 무지를 본 중니
가 말했다.
"그대는 근신하지 않아 죄를 범해 이런 꼴이 되지 않았소.

그런데 이제 와서 어쩌자는 거요."

이에 무지가 대답했다.

"저는 다만 애써 도를 닦지 않아 처신을 경솔히 하여 발 하나를 잘려 이 지경이 되었습니다. 지금 제가 찾아온 것은 발보다 소중한 것이 있어서입니다. 그것을 온전히 하고 싶습니다. 하늘은 모든 것을 다 덮어 주고[天無不覆] 땅은 모든 것을 다 실어 줍니다[地無不載]. 저는 선생님을 하늘땅처럼 여겨 왔는데 선생님이 이러실 줄은 몰랐습니다."

이에 공자가 부끄러이 말했다.

"내 생각이 좁았소. 자, 안으로 듭시다. 내 들어 아는 바를 말해 주겠소."

그러나 무지는 그냥 나가 버렸다. 공자가 제자들을 향해 말했다.

"너희들도 애써 배워라. 저 무지는 발이 잘려 나간 병신인데도 애써 배워 지난 잘못을 보상해 보려고 한다. 하물며 아무런 결함이 없는 너희들이야 더욱 열심히 해야 할 것 아니겠느냐."

무지가 노담(老聃)에게 말했다.

"공구(孔丘)는 지인(至人)에 이르려면 아직 멀었더군요. 그런 그가 왜 당신에게 자꾸만 배우려고 하는지요? 그는 매우 요상한 명성을 바라겠지만 지인은 명성을 자기를 묶는 질곡

(桎梏)으로 여긴다는 것을 모릅디다."

노담이 말했다.

"생사를 하나로 보고[生死爲一條] 옳다와 옳지 않다를 하나로 보게[可不可爲一貫者] 하여 당장 그 수갑을 풀어 주게 하면 될 터인데요."

이에 무지가 대답했다.

"하늘이 공구를 벌주고 있어요. 어찌 누가 풀어 준답니까."

공자를 공구(孔丘)라 함은 공자를 경시하는 속셈이고 노자를 노담(老聃)이라 함은 노자를 높이 사려는 마음으로 보면 된다. 공자는 무지(無趾)를 형벌을 받아 병신이 된 자로 보았지만 노자는 무지를 지인(至人)으로 보고 있다. 벌을 받아 외발이 되었다고 무지를 병신으로 보는 공자와, 비록 몸은 불구가되었지만 무지를 지인으로 보는 노자. 인간의 형벌이 무지의 발을 잘랐거늘 천지를 닮은 무지를 어이하리. 노자는 무지가천지를 닮았음을 알았고 공자는 몰랐던 것이다. 하기야 부처눈에는 부처로만 보이고 돼지 눈에는 돼지로만 보인다는 말이 속세에도 떠돌아다니고 있지 않은가.

도가에서 말하는 천지(天地)란 자연을 일러 말함이요, 자연이 하는 일을 무위(無爲)라 한다. 그 무위를 천무불복(天無不覆) 지무불재(地無不載)라고 하기도 한다. 하늘은 무엇이든 다 같이 덮어 준다[天無不覆]. 땅은 무엇이든 다 같이 실어 준다[地無不載]. 사람과 다람쥐, 나비가 숨쉬는 바람은 다 같다. 딛고 있는 흙도 다 같고 마시는 물도 다 같다. 그런데 유독 인간만이 잘난 척하면서 내 땅, 네 땅 하며 평수를 재고 오두방정을 떨며 출세하기 위해 아우성친다. 거기에 편승해 공자는 명성이란 것이 수갑[桎]과 족쇄[梏]임을 모른다. 공자도 그렇다는데 우리가 어찌 부귀(富貴), 영화(榮華), 출세(出世), 명성(名聲) 등이 질곡인 줄 알겠는가.

3. 인기지리무신(闡跂支離無脤)
옹앙대영(甕盎大癭)

우리는 옷이 날개란 말을 서슴없이 한다. 마음속은 못된 욕심들로 줄다리기를 하면서도 얼굴을 다듬고 멋을 부린다. 그러나 이런 사람은 많아도 자신의 욕심이 사나운 것을 미안해하는 사람은 참으로 만나기 어렵다. 장자는 인기지리무신(闡跂支離無脤)과 옹앙대영(甕盎大癭)을 등장시켜 겉만 근사하게 치장하는 우리를 혼내 주고 부끄럽게 한다.

인기지리무신이 위 나라 영공(靈公)에게 이야기를 해 주었더니 영공이 그 말에 즐거워했다[靈公說之]한다. 그 뒤로 영공은 온전한 사람을 봐도 그 목이 가늘고 깡마르게 보였다.

옹앙대영 역시 제 나라 환공(桓公)에게 이야기를 해 주었더니 환공이 그 말을 듣고 즐거워했다 한다. 그 뒤로 환공은 온전한 사람의 목이 여위고 가냘프게 보였다. 이처럼 덕이 뛰어나면 겉모습 따위는 잊게 된다. 그러나 세상 사람들은 잊어야할 것은 잊지 않고, 잊지 말아야 할 것은 잊어버린다. 이를 일러 성망(誠忘)이라 한다.

인기지리무신은 소인배의 눈으로 보면 병신 중에서도 상병신이다. 인기(闉跂)는 곡족(曲足), 즉 구부러진 발이니 발꿈치가 바닥에 닿지 않아 발가락으로 걷는 절름발이를 뜻한다. 지리(支離)는 곱사등이라는 말이고, 무신(無脤)은 입술이 모자란 언청이를 말한다. 신(脤)은 입술 순(脣)과 같다. 옹앙대영은 질그릇 도가니[甕盎]만큼 큰 혹[癭]이 목줄에 붙어 있다는 말이다. 혹부리였던 옹앙대영과 절름발이에다 곱사등이에 언청이였던 인기지리무신의 말을 듣고 임금들이 즐거움을 맛본 뒤부터는 정상적인 사람들의 목이 오히려 불쌍해 보였다는 이 우화는 새겨 볼수록 우리를 무참하게 한다. 겉보기로 살아서야 되겠나 싶어서다. 더럽고 추한 속을 감춰 두고 성형외과에 가서 미인이 된다고 해서 삶이 행복할 수 있겠는가. 겉만 번지르르할 뿐 뱃속에 찬 변비가 똥구멍을 틀어막고 있는 꼴을 부끄러워하자.

우리는 모두 성망(誠忘)이란 몹쓸 병을 앓고 있다. 잊어야
할 것은 잊지 않고 잊지 말아야 할 것은 잊어버리고 사는 병
이 바로 성망이다. 이보다 더 무서운 병은 없다는데, 우리는
그런 줄도 모르고 마음고생을 시서 하고 있다. 몸에 암이 붙
었다 하면 사색이 되지만 마음속에서 암 덩어리가 무럭무럭
자라고 있다 하면 웃기는 소리 말라 한다.

  "여보시오. 탐욕보다 더 무서운 암이 어디 있단 말이오."

  인기지리무신과 옹앙대영이 이렇게 우리에게 면박을 주는
듯하다. 그런 두 사람이 임금의 마음속에 붙어 있던 암 덩어
리를 도려내 주었을 터이니 임금은 당연히 살맛이 난다[說之]
고 했으리라.

대종사
大宗師

[요점]　　　　　대종사(大宗師)는 중심으로 삼는[宗] 크나큰 선생[大師]이라는 뜻이다. 장자는 이 편에서 그런 큰 스승을 일러 진인(眞人)이라 한다. 신인(神人)·진인(眞人)·지인(至人)·성인(聖人)은 모두 대종사(大宗師)를 일컫는다. 물론 대종사란 대도(大道)를 터득한 선생이다. 대도를 자연이라고 불러도 된다. 지식을 가르치는 훈장(訓長)은 지식의 변화에 따라 질질 끌려가고 지식을 전달하기 위해 사물에 얽매이기 때문에 마음 편히 살지 못한다. 그러나 대도를 터득한 큰 선생[大宗師]은 자연을 근원으로 삼고 그 뜻을 따라 산다. 그런 삶을 무위(無爲)라 한다. 그래서 대종사는 생사(生死)도 자연의 짓이고 성패(成敗)도 자연의 짓임을 안다. 흥망성쇠(興亡盛衰)도 자연의 짓이므로 삶[生]을 좋아라 하고 죽음[死]을 싫어하지 말라 한다. 자연이 오라 했으니 왔고 가라 하면 가는 것, 대종사는 이를 천일(天一)이라고 가르쳐 준다.

1. 진인(眞人)

자연이 하는 일을 알고[知天之所爲] 사람이 하는 일을 알면
[知人之所爲] 더할 바 없이 지극하다[至矣]. 하늘이 하는 일을 아
는 사람은[知天之所爲者] 자연대로 살고[天而生也] 사람이 하는
일을 아는 사람은[知人之所爲者] 자신이 알고 있는 지식으로[以
其知之所知] 제 지식으로는 알지 못하는 것을 키워 간다[以養其
知之所不知]. 이렇게 하여 천수를 다하고[終其千年] 도중에 죽
지 않는 것이[不中道夭者] 인간 지식의 최선이다[是知之盛也].

이처럼 장자는 천지(天知)와 인지(人知)를 편의상 나누어 놓
고 있지만 그렇게 분별할 것 없이 진인(眞人)을 대종사로 모시
라고 한다. 진인(眞人)이란 누구인가? 장자가 진인을 소개하
는 대목은 이러하다.

'잠을 자도 꿈꾸지 않고[其寢不夢] 깨어 있어도 근심하지 않
고[其覺無憂] 먹을 때도 맛있는 것을 밝히지 않고[其食不甘] 숨
쉬기는 깊고 깊다[其息深深]. 진인은 발꿈치로 숨을 쉬고[眞人
之息以踵] 범인(凡人)은 목구멍으로 숨을 쉰다[衆人之息以喉].
온갖 사물에 굴복하는 사람의[屈服者] 목구멍은 꽥꽥 토하듯

내뱉고[其喙言若洼] 욕심이 깊은 자[其耆欲深者]의 마음쓰기는 얕다[其天機淺].'

진인은 왜 꿈 없이 자고 걱정 없이 깨어 있고 발꿈치로 깊은 숨질을 하고 먹거리를 밝히지 않는단 말인가? 장자는 그 까닭을 이렇게 밝힌다.

'진인이 좋아하는 것도 하나요[其好之也一] 좋아하지 않는 것도 하나다[其弗好之也一]. 하나란 것도 하나요[其一也一] 하나가 아니란 것도 하나다[其不一也一]. 하나라는 것으로 하늘의 무리가 되고[其一與天爲徒] 하나가 아니라는 것으로 사람의 무리가 된다[其不一與人爲徒]. 하늘과 사람이 서로 겨루지 않는다[天與人不相勝也]. 이렇게 하는 것이 진인이다[是之謂眞人].'

인간은 분별하지만 진인은 분별하지 않는다. 인간은 날마다 지식을 더하지만[日益] 진인은 날마다 지식을 덜어낸다[日損]. 그래서 진인은 일익(日益)하지 않고 일손(日損)한다.

인간이여, 지식이 욕심으로 통하는 길목인 줄 왜 모르는가? 하나를 알고 나면 둘을 모르고 둘을 알고 나면 셋을 모르는데, 한도 끝도 없이 알려고 하는 탓에 인간은 지식의 노예가 된다. 인간은 진인처럼 살 수 없다. 인간은 하나 되기[爲一]를 버리고 사는 까닭이다. 하나 되기란 자연의 무리가 된다[與天爲徒]는 말이다. 이는 곧 자연을 따라 살라 함이다. 그러나 인간은 자연을 떠나 문명을 따라 산다. 장자는 이를 기불일여인위도(其不一與人爲徒)라고 알려 준다. 하나가 아니기[其不一]는 사람의 무리가 된다[與人爲徒]는 것이다.

장자는 자연을 들어 하나라[一] 하고 인간을 들어 하나가 아니라[不一] 한다. 그 하나를 지극한 자유(自由)로 새겨도 되고 그 불일(不一)을 속박(束縛)으로 여겨도 된다. 묶여 사는 인간이 어찌 더할 바 없이 자유롭게 사는 자연의 진인을 알겠는가. 그래서 장자는 아주 쉽게 자연의 짓[無爲]과 인간의 짓[人爲]을 밝혀 주었다. '소의 네 발은 자연의 짓이고 소의 코뚜레는 인간의 짓이다.'

무위는 자연과 같은 뜻이고 인위는 문명과 같은 뜻이다. 우리 모두 문명이란 밧줄에 코를 끼고 질질 끌려가며 살아야 하는 인간의 무리가 아닌가. 자유롭게 살고 싶은가? 그렇다면 하루에 단 일 분만이라도 홀로 자연의 무리가 되는 순간을 간직해 보라. 그러면 사회(문명) 생활에서 겪은 온갖 속박에서 일 분이나마 벗어나 살 수 있고, 그 순간만큼은 자연의 무리가 된다[與天爲徒]. 그리고 싶다면 잠자리에 들어 눈을 감고 온갖 것을 떨쳐 버리고 홀로 자신을 만나 보라. 잠시나마 진인의 이웃이 되어 편안한 자신을 되찾을 수 있을 것이다. 그리고 잠을 자 보라. 아마 진인마냥 꿈 없이 하룻밤을 푹 잘 수 있을 것이다.

2. 여우(女偶) · 남백자규(南伯子葵)

　여우(女偶)는 만들어진 인물이고 남백자규(南伯子葵)는 앞서 〈제물론〉에 등장했던 인물이다. 앞에서는 남백자규를 남곽자기(南郭子綦)로 불렀다. 장자는 그를 우화 속에 자주 등장시키는데, 이는 아마도 장자가 그를 진인(眞人)에 버금가는 인물로 생각했음이다. 그런데 여기서는 그 남백자규가 여우에게 도를 묻는 제자처럼 등장하고 있다. 이 편에는 도를 터득해 깨우친 분들이 수두룩하다. 그런데도 여우는 도를 들어 본 적밖에 없다며 겸손해한다. 남백자규가 여우에게 물었다.

　"당신께서는 연세가 많은데도 얼굴빛이 마치 어린아이 같은데, 어째서입니까?"

　"도를 들어서 그렇지요."

　"도라는 것은 배워 알 수 있습니까?"

　"안 되지요. 당신은 그럴 만한 사람이 못되오."

　"성씨가 복량(卜梁)이고 이름이 의(倚)라는 자가 있는데, 그 자에게는 성인의 재능은 있지만 성인의 도는 없어요. 나에게는 성인의 도는 있지만 성인의 재능은 없지요. 그를 가르쳐 보고 싶지만 성인이 될 수 있을지 모르겠어요. 바라는 대로 되지 않는다 해도 성인의 재주가 있는 자에게 성인의 도를 가르치는 것은 쉽겠지요. 나는 조심조심하다가 그에게 도를 가르쳤지요. 그랬더니 사흘이 지나자 세상을 잊습디다[三日而後能外天下]. 또 조심해서 가르쳤더니 이레가 지나자 온갖 사물을 잊습디다[七日而後能外物]. 사물을 잊게 되자 더 조심해서 가르쳤더니 아흐레가 지나자 삶을 잊습디다[九日而後能外生]. 생을 잊게 되자[已外生矣] 능히 깨닫습디다[能朝徹]. 깨닫자 도를 능히 보더군요[能見獨]. 도를 보게 되자 고금이 없어집디다[能無古今]. 고금이 없어지니 죽음도 삶도 없는 경지에 들었지요[能入於不死不生]."

"삶을 죽이는 자에게는 죽음이 없고[殺生者不死] 삶을 살려고 하는 자에게는 삶이 없어요[生生者不生]. 도란 그런 거라오[其爲物]. 보내지 않는 것이란 없고[無不將也] 맞이하지 않는 것이란 없어요[無不迎也]. 모든 것을 부수고[無不毁也] 모든 것을 이루지요[無不成也]. 그러함을 일러 변화하면서 안정하다고 하오[其名爲攖寧]. 영령이라는 것[攖寧也者]은 변화가 있은 뒤에야 이루어지는 거지요[攖而後成者也]."

다시 남백자규가 물었다.

"당신은 대체 어디서 그런 말을 들었습니까?"

"부묵의 아들에게 그것[道]을 들었지요[聞諸副墨之子]. 부묵의 아들은 낙송의 손자에게 그것을 들었고[聞諸洛誦之孫子] 낙송의 손자는 첨명에게 들었고[聞之瞻明] 첨명은 섭허에게 들었고[聞之聶許] 섭허는 수역에게 들었고[聞之需役] 수역은 오구에게 들었고[聞之於謳] 오구는 현명에게 들었고[聞之玄冥] 현명은 삼료에게 들었고[聞之參寥] 삼료는 의시에게 들었다오[聞之疑始]."

도(道)를 배우겠다는 남백자규를 여우(女偊)가 물리친다. 장자가 선생처럼 여기는 남백을 어떻게 여우가 물리친단 말인가? 아마 도를 배울 수 없다는 까닭일 것이다. 그래서 여우는 복량의를 예로 들어 도를 터득해 가는 과정을 이야기로 들려준다. 여우의 이야기를 귀담아 들어 보라.

사흘 뒤에 복량의가 능외천하(能外天下)하고 이레 뒤에 능외물(能外物)하고 아흐레 뒤에 능외생(能外生)한 뒤로 능조철(能朝徹)하고 그 뒤로 능견독(能見獨)하고 그 뒤로 능무고금(能無古今)하여 능입어불사불생(能入於不死不生)했다는 여우의 이야기를 잊지 말았으면 한다. 이 이야기가 바로 도(道)를 터득해 깨닫는 과정인 것을 짐작케 하는 까닭이다. 물론 남백은 여우의 이야기를 알아들었다. 그런데 왜 여우는 남백에게 도를 배울 수 없다고 했을까? 지자불언(知者不言)이요, 언자부지(言者不知)인 까닭이리라. 도를 아는 사람은 도를 말하지 않지만 도를 모르는 자는 이렇다 저렇다 말이 많다. 배우려 말고 깨우쳐 가라.

여기서 외천하(外天下)의 외(外)는 잊어버린다는 뜻이고 외물(外物) 역시 물(物)을 잊었다 함이다. 물(物)은 온갖 사물을 의미한다. 온갖 사물을 잊었다 함은 무슨 뜻인가? 이해(利害)를 따져 사물을 저울질하고 흥정하기를 잊었다 함이다. 외생(外生) 또한 삶을 잊었다는 말이다. 어떤 삶을 잊었단 말인가? 욕심 사나운 삶을 잊었다는 말이다. 그러면 새벽의 어둠이 확 거치고 온 세상을 밝혀 주는 아침 햇살처럼 마음이 밝아진다. 이를 일러 조철(朝徹)이라 한다. 그리고 그렇게 밝은 마음은 도를 본다[見獨]. 견독(見獨)의 독(獨)은 절대자, 즉 도(道)를 일컫는다.

도(道)란 어떠한가? 여우는 도를 무고금(無古今)으로 터득하라 한다. 무고금은 결국 불사불생(不死不生)이라는 말이다. 죽지 않는 것[不死]이므로 태어날 리도 없다. 태어나지 않는 것[不生]이므로 죽을 리도 없다. 생사(生死)의 생(生)을 과거[古]로 치고 사(死)를 지금[今]으로 쳐서 한평생을 살았다고 하는 것은 생사에 매달린 인간의 계산일 뿐이다. 도에는 시간도 없고 공간도 없다. 그래서 도를 무(無)라고도 하고 허(虛)라고도 하는 것이다. 허무(虛無)는 본래 도의 다른 이름인 까닭이다. 도에 대한 이야기를 누구에게 들었느냐고 묻는 남백에게 여우가 말해 준 인물들을 보라.

부묵지자(副墨之子)는 낙송(洛誦)의 손자에게, 낙송의 손자는 첨명(瞻明)에게 첨명은 섭허(聶許)에게, 섭허는 수역(需役)

에게, 수역은 오구(於謳)에게, 오구는 현명(玄冥)에게, 현명은 삼료(參寥)에게, 삼료는 의시(疑始)에게 들었다 한다.

여기서 부묵(副墨)은 책을 의인화한 인물이다. 예부터 지금까지 전해 온 것이므로 자(子)라고도 부른다. 낙송(洛誦)은 구전(口傳)을 의인화한 인물로, 낙(洛)은 이을 락(絡)으로도 통하므로 끊이지 않고 구전되어 왔다는 말이다.

첨명(瞻明)은 눈이 밝음을 의인화한 인물로, 첨(瞻)은 눈이 밝아 모자람이 없이 잘 살핀다 함이요, 그렇게 살핀 것을 마음이 받아들여 밝아진다[明]는 뜻이므로, 도를 터득한 인물이 된다.

섭허(聶許)는 잘 알아들음을 의인화한 인물이다. 섭(聶)은 소곤거림을 알아듣는 것이고 허(許)는 그 소곤거림을 마음이 받아들인다는 말이므로, 섭허는 도를 터득한 인물이다. 수역(需役)의 수(需)는 수(須)로 통하고 역(役)은 행(行)으로 통한다. 그래서 수역(需役)은 실천, 곧 도를 행함을 의인화한 인물이다.

오구(於謳)는 감탄하여 노래부른다는 말로, 곧 노래를 부름을 의인화한 인물이다. 오(於)는 감탄하여 절로 나오는 소리요, 구(謳)는 읊고 노래함이니 결국 도에 감탄하여 저절로 노래하는 인물이다.

현명(玄冥)은 깊고 고요함으로, 이는 곧 도의 모습을 형용하여 의인화한 인물이다. 삼료(參寥)는 더할 바 없이 고요하다는 뜻으로, 이 또한 도를 형용하여 의인화한 인물이다.

요(寥)는 절(絶)이니 삼료(參寥)는 세 가지를 끊어 잊었다는 말이다. 있음[有]과 없음[無], 그리고 있음이 아닌 것[非有]과 없음이 아닌 것[非無] 이 세 가지가 삼(參)이다. 이 삼을 잊었다 함은 곧 도의 모습을 형용한 것이다.

의시(疑始) 역시 도를 형용한 의인화다. 처음이 있는 듯하나 처음도 끝도 없다는 의시는 차별을 떠난 경지, 즉 다 같음[大同]을 뜻한다. 결국 현명(玄冥), 삼료(參寥), 의시(疑始)는 모두 도를 형용한 의인화의 인물들이다. 물론 여우가 남백에게 도를 가르쳐 준다고 생각할 것은 없다. 도는 터득하는 경지지 배우는 경지가 아닌 까닭이다. 누구나 한순간은 도인이 될 수 있다고 본다. 탐욕에서 벗어나 자기 스스로를 편안히 하는 순간 그렇게 된다.

3. 자사(子祀)·자여(子輿)·자려(子犁)· 자래(子來)

장자는 자사(子祀)와 자여(子輿), 자려(子犁), 그리고 자래(子來) 이렇게 넷을 등장시켜 어떻게 벗이 되는가를 체험하게 한다. 우리는 몇 사람이 이야기를 나누다 서로 뜻이 맞으면 패거리가 되기도 하고 벗이 되기도 한다. 소인(小人)들이 뜻을 맞추면 패거리를 이루고, 대인(大人)들이 뜻을 맞추면 서로 벗이 된다. 생사(生死)를 하나로 보는 진인(眞人)들은 만나기만 하면 삽시간에 벗이 된다. 패거리는 이해 관계(利害關係)에 따라 모였다 흩어지지만 벗은 마음이 하나가 되어 천지가 무너져도 흩어지는 법이 없다. 생사를 하나로 본다 함은 생사를 초월했다 함이요, 생사를 초월했다 함은 곧 자연을 따라 산다는 말이다. 순명(順命)하라. 그러면 현해(懸解)한다. 자연을 따라 살라[順命]. 그러면 속박에서 벗어날 수 있다[懸解]. 무슨 속박이란 말인가? 이해(利害)의 밧줄로 묶인 속박이라고 여기면 된다.

자사와 자여, 자려, 그리고 자래 이렇게 네 사람이 서로 말을 나누었다.

"누가 무(無)를 머리 삼을 수 있고[孰能以無爲首] 삶을 등뼈 삼고[以生爲脊] 죽음을 꽁무니 삼을 수 있을까[以死爲尻]? 누가 삶과 생사가 하나요, 있음과 없음이 하나란 것을 알까[孰知死生存亡之一體者]? 나는 그런 자와 더불어 벗이 되고 싶다[吾與之友矣]."

네 사람은 서로 보며 웃으며[四人相視而笑] 서로의 마음에 어긋남이 없어[莫逆於心] 서슴없이 서로 벗이 되었다[遂相與爲友].

무(無)를 수(首)로 삼고 생(生)을 척(脊)으로 삼고 사(死)를 고(尻)로 삼는다 함은 무(無)와 생(生), 그리고 사(死)를 한몸으로 본다는 말이다. 머리 따로 등뼈 따로 꽁무니 따로 보아서야 어찌 한몸[一體]이 되겠는가? 이 셋을 하나로 본다 함은 무위(無爲)로 산다는 말이다. 이는 곧 이해(利害)의 종놈으로 살지 않는다 함이다. 물론 이런 말은 우리에게는 허무맹랑한, 전혀 설득력 없는 말일 것이다. 지금 우리는 이해관계를 떠나서는 살 수 없다고 확신하는 까닭이다. 그러나 하루에 한순간만이라도 이해 상관의 수라장에서 벗어나 이해라는 것을 털어 버리고 편안히 앉거나 눕거나 눈을 감고 숨쉬어 보라. 그러면 한순간이나마 현해(懸解)의 감미로움을 맛볼 수 있으리라.

4. 맹손재(孟孫才)

맹손재(孟孫才)의 맹손(孟孫)은 성씨이고 재(才)는 이름이다. 맹손재를 두고 노 나라의 현자라고 하지만 실은 장자가 만들어 놓은 인물로 보면 된다.

맹손재가 어머니 상(喪)을 당해 곡도 하지 않고 슬퍼하지도 않았는데 모친상을 훌륭하게 치렀다는 소문이 돌았다. 이를 이상히 여긴 안회(顔回)가 공자께 묻는 장면으로 우화는 꾸며진다. 유가의 상례(喪禮)로 본다면 제 어미의 주검 앞에서 울

지도 않고 슬퍼하지 않는 맹손재야말로 천하의 못된 놈이다. 그런데도 세상에는 맹손재가 모친상을 훌륭히 치렀다고 소문이 났다. 그러나 그 연유를 모르겠다는 안회에게 공자가 까닭을 타일러 주는 우화를 체험하다 보면 공자가 마치 도가의 대변인처럼 느껴져 생각이 묘해진다.

중니가 의아해하는 안회에게 말해 준다.

"맹손 씨는 상례를 잘 아는 이보다 앞서 있다네. 사람들은 상례를 간단히 하려 해도 그렇게 할 수 없는데, 그는 간단히 했다네. 그는 태어난 까닭도 모르고[不知所以生] 죽는 까닭도 모른다네[不知所以死]. 삶을 좇을 줄도 모르고[不知就先] 죽음을 좇을 줄도 모른다네[不知就後]. 그냥 변화에 따라 무엇이 되고[若化爲物] 알 길이 없는 변화를 기다릴 뿐이라네[待其所不知之化已乎]. 이미 변해 버렸는데[且方將化] 변하기 전을 어찌 알겠나[惡知不化哉]. 나와 자네만 아직 그 꿈을 깨닫지 못한 것이 아닐까 말일세[吾特與汝其夢未始覺者邪]. 세상 사람들은 저마다 자기라고 하지만 자기가 자기라고 하는 것을 어찌 알겠나? 자네는 꿈에 새가 되어 하늘에 이르거나 물고기가 되어 연못 속에 들기도 하지. 지금 우리가 이렇게 말하는 것도 깨어나 하는 짓인지 꿈에 하는 짓인지 모를 일이라네. 트집잡는 것보다는 웃는 게 낫고, 웃어넘기기보다는 변화에 그냥 맡기는 것

이 낫다네. 풀리는 대로 편안히 맡긴 채 변화에 따르면[安排而
去化] 고요한 도의 경지에 들어간다네[乃入於寥天一]."

  생사를 하나로 보기란 솔직히 불가능한 일이다. 태어남을
기뻐하고 죽음을 슬퍼하는 것이 사람의 정 아니던가. 그런데
맹손재는 생사를 하나로 본다는 게다. 그러니 제 어머니의 주
검 앞에서도 맹손재는 태연했다. 이는 분명 상식에 어긋난다.
사람이라고 해서 별것이 아니다. 태어난 것이면 무엇이든 죽
게 마련이다. 이것을 두고 사람들이 생사(生死)니 존망(存亡)
이니 할 뿐이다. 있다가도 없고 없다가도 있는 것이 물위화
(物爲化) 아닌가. 어느 것[物]이든 변화의 것[化]으로 삼는다. 무
엇이 그렇게 한다는 말인가? 노자는 그것을 도(道)라 하자고
이미 밝혀 놓았다. 장자도 그러자고 한다. 그러나 공자는 생
사를 달리 보았다. 《논어》에는 한 제자가 공자에게 죽음[死]이
무엇이냐고 묻는 대목이 나온다. 이에 공자는 삶[生]도 다 모
르는데 내 어찌 죽음을 알겠느냐고 반문한다. 그런 공자가 이
우화에서는 노장의 대변인처럼 보이니 조선 시대에 《장자》를
읽어서는 안 된다고 덮었던 이유를 알 만하다.
  공맹(孔孟)이 주로 생(生)을 다루었다면 노장(老莊)은 생사
(生死)를 하나로 다루었다. 그래서 만물은 어느 것이든 있다
가 없어지는 변화를 벗어날 수 없으므로 오로지 하나일 뿐 다

를 것이 없다고 보았다. 그런 변화는 예(禮)를 벗어난다. 예란 분별이요, 차별의 질서가 아닌가. 노장은 공맹의 그런 예를 버리라 한다. 모두 하나인데 무슨 예를 차려 이러고저러고 분별하는가. 들꽃처럼 마음이 맑고 깨끗하면 그만인 것을. 그래서 노자는 우리를 향해 갓난아이[嬰兒]처럼 살라 한다. 영아(嬰兒)는 예(禮) 없이 사는 자연의 모습이다.

만물을 하나이게 하는 것을 요천일(寥天一)이라 한다. 천일(天一)이란 '하늘[天]은 만물을 하나로 본다[一]'는 말이다. 물론 하늘은 자연이라 해도 되고 도라 해도 된다. 요(寥)는 텅 빈 허(虛)와 같다. 만물이 하나인데 시끄러울 것이 뭐 있겠는가, 소란스러울 게 뭐 있겠는가. 그래서 요(寥)란 고요하다는 말로 통한다.

세상이 소란스럽고 아우성인 것은 만물을 차별하고 분별하는 탓이다. 그래서 지인(至人)은 항상 고요하다. 물론 우리 모두 이런 지인이 되어야 한다는 것은 아니다. 다만 지인이 편히 산다는 이치를 알아둔다면 모르는 것보다 살기가 좀 쉬워질 것이다.

5. 허유(許由) · 의이자(意而子)

의이자(意而子)는 우화에 등장하는 인물로, 역시 장자가 만들어 낸 가공의 인물이다. 장자는 의이자를 요(堯)의 제자처럼 등장시킨다. 허유(許由)는 전설적인 인물로, 요의 선생으로 보는 경우도 있다. 요가 허유에게 임금 자리를 물려주려고 했다가 거절당했다는 이야기를 들었을 것이다. 유가는 요 임금을 왕도(王道)의 화신으로 보고 성인으로 받든다. 그러나 도가에서는 요를 한낱 치자(治者)에 불과하다고 본다.

장자는 허유를 통해 요를 꼬집는다.

의이자가 허유를 만났다. 의이자를 본 허유가 물었다.

"요가 자네에게 무엇을 가르쳐 주던가?"

"요는 나에게 반드시 인의(仁義)를 몸소 실천하고[汝必躬服仁義] 시비를 분명하게 말하라[明言是非]고 했습니다."

허유가 다시 물었다.

"그런데 자네는 어쩌자고 여기로 왔는가. 요는 이미 인의라는 것으로 자네에게 묵형(墨刑)을 내렸고[黥汝以仁義] 시비로 코를 베는 형벌을 가했네[劓汝以是非]. 자유롭기 이를 데 없고 멋대로 하면서 변화가 쉬지 않는 도의 경지에서 자네가 노닐겠는가[汝將何以遊夫遙蕩恣睢轉徙之塗乎]? 자네는 그럴 자격이 없다네."

이에 의이자가 말한다.

"그렇더라도 그런 도의 언저리에서라도 노닐고 싶습니다."

다시 허유가 말한다.

"안 되지. 눈이 멀어 버린 사람은 잘생긴 얼굴을 볼 수가 없고 아름다운 옷의 무늬도 볼 수 없지."

다시 의이자가 말한다.

"무장(無莊)이 그 미모를 잊게 되고, 거량(據梁)이 그 힘을 잊게 되고, 황제(黃帝)가 그 지혜를 잊게 된 것은 모두 화로 속에서 단련되었기 때문입니다[皆在鑪捶之間耳]. 그러니 도가 제 묵형을 지워 주고 잘려진 코를 제대로 해 주어서 선생님을 따라오게 했는지 누가 알겠습니까?"

"어, 참 내 미처 몰랐네. 내 자네를 위해 몇 마디 하겠네. 내 스승은 말이야, 만물을 이루어 놓고도 의롭다 여기지 않고[萬物而不爲義] 영원한 은혜를 베풀면서도 어질다 하지 않는다네[澤及萬世而不爲仁]. 태초보다 더 오래 살면서도 늙었다 하지 않고[長於上古而不爲老] 천지를 감싸고[覆載天地] 만물을 빚어내면서도[刻彫衆形] 재주로 여기지 않는다네[而不爲巧]. 이런 게 바로 노닐게 하는 경지일세[此所遊已]."

인의를 경(黥)이라 하고 시비를 의(劓)라고 하는 허유를 보라. 여기서는 시비를 예지(禮智)로 새겨도 된다. 허유는 지금 여지없이 유가를 질타하는 중이다. 경(黥)이란 살갗에 먹물을 먹여 평생 죄인으로 살게 하는 형벌이고 의(劓)는 코를 잘라

내는 형벌을 말한다. 유가의 근본은 인의예지(仁義禮智)가 아니던가. 그런데 허유는 그 근본을 형벌이라고 한다. 이보다 더한 유가에 대한 질타가 어딨겠는가. 그렇다면 허유는 왜 이렇게 유가를 질타하는 걸까? 유가가 인외니 시비니 하면서 인간을 구속한다고 보는 까닭이다. 노장의 입장에서 보면 유가가 멀쩡한 사람을 눈먼 장님으로 만든다는 것이다.

제 아름다움을 뽐내던 무장(無莊)이나 제 힘만 믿고 힘 자랑을 일삼던 거량(據梁), 많이 안다는 황제(黃帝)는 모두 나중에 가서 도를 터득하고 뽐내던 것들을 잊었다. 노자는 이를 일러 견소(見素)라고 했다. 수수하고 소박한 것을 보라[見素]. 그러면 형벌을 면하리라.

허유가 말하는 선생은 누구일까? 도(道)다. 그 도는 의(義)롭다고 하지도 않고 인(仁)이라 하지도 않으며 노(老)라 하지도 않고 교(巧)라고 자랑하지도 않는다. 여기서 노(老)는 권위라고 새기면 되고 교(巧)는 능력으로 새기면 된다. 인의(仁義)니 예지(禮智)니 하여 마음을 번거롭게 묶어 두지 말라. 그러면 누구든 자연스럽다. 재주부리지 말라. 장자는 허유를 통해 이렇게 우리에게 경고하고 있는 셈이다.

응제왕
應帝王

[요점]　　　　　　응제왕(應帝王), 이는 '응(應)하라. 그러면 제
왕(帝王)이 된다'는 말로 들어 두면 된다. 무엇에 응하란 말일까? 물
론 자연에 응하라 함이다. 자연에 응하라. 그러면 자연이 누구나 제
왕이 되게 한다. 그렇지 않고 문명에 응하면 문명은 나를 왕으로 삼
지 않고 종으로 부린다. 하지만 인간은 이런 장자의 말을 들으려 하
지 않는다. 그래서 인간은 문명이란 밧줄에 묶여 그 노예가 되어 산
다. 왜 그렇게 사는가? 무심(無心)을 버린 탓이다. 무심(無心), 허심
(虛心), 허정(虛靜), 염담(恬淡) 등은 모두 무위(無爲)라는 말이다. 그
래서 이 편의 인물들은 모두 무위의 세상을 체험하게 한다. 법 없이
사는 세상을 꿈꾼 적이 있는가? 그렇다면 이 편의 인물들과 사귀면
될 것이다.

1. 천근(天根)·무명인(無名人)

천근(天根)도 등장 인물이요, 무명인(無名人)도 등장 인물이다. 물론 이 둘은 우화 속에 등장하는 배우다. 장자가 인물을 등장시켜 뼈 있는 우화를 연출한다고 생각하면 된다. 비판하면서 시비를 피할 수 있는 우화보다 더 낳은 방편은 없다. 웃는 낯에 침 못 뱉는 경우라 할까. 장자는 여기서 천근과 무명인을 등장시켜 천하를 다스리는 일을 이야기하게 한다. 이 우화의 무대는 은양(殷陽)이란 곳을 흐르는 요수(蓼水) 강가로, 천근이 무명인을 만나는 장면으로 시작된다. 여기서 무명인은 인위(人爲)의 정치를 하지 말고 무위(無爲)의 정치를 하라고 설파한다.

천근이 무명인을 만나 물었다.

"천하를 다스리는 방법을 묻고 싶습니다."

무명인이 대답한다.

"물러가라[去]. 너는 비열한 인간이야[汝鄙人也]. 돼먹지 못한 질문이야[何問之不豫也]. 나는 지금 조물주와 더불어 노니는 사람이 되려고 하는 중이야[予方將與造物者爲人]. 염증이 나면 아득히 멀리 나는 새를 타고[厭而乘奔眇之鳥] 세상 밖으로 날아가[以出六極之外] 아무것도 없는 골에서 노닐며[遊無何有之鄕] 끝없는 벌에서 살고 싶다[以處壙埌之野]. 그런데 너는 어째서 천하를 다스리는 일 따위를 물어 내 마음을 흔들려 하는가 말이다[汝又何帠以治天下感予之心爲]."

그럼에도 불구하고 천근이 막무가내로 묻자 무명인이 다시 대답한다.

"너는 맑고 깨끗한 경지에서 마음을 노닐게 하라[汝遊心於淡]. 넓고 고요한 경지에 기운을 맞추어라[合氣於漠]. 모든 일을 자연에 따르게 하라[順物自然]. 그리고 사사로움을 담지 말라[而無容私焉]. 그러면 천하가 다스려질 것이다[而天下治矣]."

무명인은 천근이 자신에게 유명인(有名人)이 되는 방법을 물어서 화를 냈던 모양이다. 그렇지 않고서 어찌 천근을 두고 비인(鄙人)이라고 서슴없이 욕질을 하겠는가. 더럽고 추하고 너절한 인간을 두고 비인이라 한다. 즉 탐욕스러운 인간이라는 말이다. 권력의 야욕보다 더 사나운 것은 없다. 그런 권력으로 천하를 다스리는 한 세상은 썩은 고깃덩이처럼 되고 만다. 이런 썩은 세상이 바로 무명인이 겪는 염증(厭症)이다. 그래서 무명인은 유무하유지향(遊無何有之鄕)하고 이처광량지야(以處壙埌之野)하기를 바란다.

무엇 하나 없다[無何有]. 이는 인간의 것[人爲]이라곤 하나도 없다 함이다. 그런 고향이라면 어디겠는가? 자연이다. 무명은 그 자연을 넓고[曠] 드넓은[垠] 벌[野]이라고 한다. 야인(野人)이 되려는 무명인에게 천하를 다스리는 방법을 물었으니 천근은 면박을 당할 수밖에 없다. 그래서 천근이 묻자 무용사(無容私)하라 한다. 사사로움[私]을 담지[容] 말라[無]. 즉 무사(無私)하고 무친(無親)하라. 그러기 위해서는 나를 없애고[無己] 나를 버려라[舍己].

무기(無己)는 장자의 선언이고 사기(舍己)는 노자의 선언이다. 그래야 정치를 한다는 게다. 담(淡), 막(漠), 자연(自然) 이세 가지는 모두 무사(無私)하기 위한 전제들이다. 마음을 담백하게 하라[淡]. 마음씨를 넓고 크게 하라[漠]. 자연대로 하라[自然]. 이를 묶어서 노자는 소사과욕(少私寡欲)이라 했다. 나를 줄이고 줄여 작게 하라[少私]. 그러면 절로 욕심이 줄어든다[寡欲]. 그러나 인간들은 과욕(寡欲)을 마다하고 한사코 과욕(過欲)을 부린다. 누구나 욕심사납다[過欲]. 그래서 무명인은 인간을 더럽고 추하고 너절한 인간[鄙人]이라고 욕한 것이다. 우리 모두 비인임을 인정하자. 그리고 부끄러워하자. 이것이 바로 이 우화가 노리는 것이다.

2. 호자(壺子)·열자(列子)·계함(季咸)

설익고 덜떨어져 귀가 얇은 인간들이 많다. 그래서 세상에
는 입질도 많고 헛소문도 많다. 오죽하면 담벼락에도 귀가 있
다고 하겠는가. 그러나 자신이 설익었다는 것을 알면 자신을
여물게 할 수 있다. 물론 무턱대고 여물어서는 안 될 일이다.
씨앗이 없는 열매라면 아무리 여물어도 새싹을 틔우지 못한
다. 제대로 여문 사람만이 자신을 부끄러워할 줄 안다. 부끄
러워하면 잃어버린 면목(面目)을 되찾을 수 있다. 면목을 잃
었던 열자(列子)가 부끄러워하고 뉘우친 덕에 도를 터득했다
는 이 우화는 우리를 민망하게 한다.

정(鄭) 나라에 계함(季咸)이라는 굉장히 용한 무당이 있었
다. 얼마나 용한지 사람의 죽을 날짜와 시간까지 꼭 집어낸다
고 했다. 그래서 사람들은 계함만 보면 도망쳤다 한다. 열자
가 계함을 만나 크게 감명받고 돌아와 자신의 선생인 호자(壺
子)께 알렸다.

"저는 선생님의 도가 최고인 줄 알았는데 그 이상인 자를
만났습니다."

호자가 말했다.

"나는 너에게 도의 겉만 가르쳤을 뿐 도의 속을 가르치지는

않았다. 그런데 너는 도를 터득했다 할 테냐? 암컷이 아무리 많아도 수컷이 없다면 어찌 알이 생기겠느냐. 도를 갖고 세상과 싸우려 하느냐. 그러니 남이 네 관상을 보고 네 속을 알아차리지. 그자를 데려다 시험삼아 나에게 한번 보여 보라."

다음 날, 열자와 함께 호자를 만나고 나온 계함이 말했다.

"당신의 선생은 열흘을 넘기지 못하고 죽을 것이오. 괴상한 상을 보았어요. 축축한 재[濕灰]의 상을 봤어요."

열자가 들어가 훌쩍이며 이 사실을 아뢰자 호자가 말했다.

"아까 그자한테 땅의 겉모습[地文]을 보여 주었지. 땅의 겉은 육중한 산과 같아 움직이지 않지. 내 숨질[德機]을 막는 모습을 본 거야. 한번 더 데려와 봐."

계함은 다시 열자와 함께 호자를 만났다. 계함이 열자에게 말했다.

"다행이군요. 선생은 날 만난 덕에 병이 나았어요. 생기가 돌았어요. 생명의 싹을 보았지요."

열자가 들어가 아뢰자 호자가 말했다.

"아까 하늘과 땅[天壤]을 보여 주었지. 하늘과 땅에는 인간의 짓거리[名實]가 끼어들지 못하지. 목숨의 낌새[善機]가 온몸[踵]에서 생겨나는 거야. 또 데려와 봐."

다시 또 열자와 함께 호자를 만난 계함은 이렇게 말했다.

"당신의 선생은 관상이 일정치 않아요. 관상을 볼 수가 없어요. 관상이 일정해지면 다시 해 봅시다."

열자가 들어와 계함의 말을 전하자 호자가 말했다.

"아까 차별이 없는 허무의 모습[太沖莫勝]을 보여 주었지. 그 자는 아마 나에게서 기운이 조화된 낌새[衡氣機]를 보았을 거야. 소용돌이치는 깊은 물도 연못이요, 멈춘 깊은 물도 연못이요, 흐르는 깊은 물도 연못이야. 연못에는 아홉 가지가 있는데 그중에서 세 가지만 보여 주었지. 다시 데려와 봐라."

다음 날, 열자는 계함과 함께 호자를 만났다. 그러나 계함은 그 앞에 서기도 전에 정신이 나간 듯 도망치고 말았다. 호자가 쫓아가 잡아 오라 했지만 열자는 잡지 못하고 돌아와 아뢰었다.

"사라져 버렸습니다. 간 곳을 몰라 따라갈 수가 없었습니다."

이에 호자가 말했다.

"아까 나는 내 본질[吾宗]을 보여 주었지. 내 스스로를 허심(虛心)하게 하여 편안히 따르는 모습[委蛇]이어서 그 자가 무슨 영문인지를 알 수 없었지. 바람 부는 대로 나부낀다고 여기고 [因以爲弟靡] 파도치는 대로 흐른다고 여겼기[因以爲波流] 때문에 도망친 거야."

그 뒤로 열자는 자기가 아직 멀었음을 깨닫고 집으로 돌아갔다. 그리고는 삼 년 동안 집 안에만 틀어박혀 아내 대신 밥도 짓고, 사람 먹이듯 돼지도 먹였다[食豕如食人]. 좋아하거나 싫어하는 일이 없어졌다[於事無與親]. 꾸미는 짓을 버리고 다시 소박함으로 돌아가[彫琢復朴] 무심히 홀로 있으면서[塊然獨以其形立] 온갖 일이 빚어져도 얽매이지 않고[紛而封哉] 평생을 보냈다[一以是終].

점을 치는 심보는 뻔하다. 바라는 바가 이루어지기를 욕심부리는 것이다. 길흉(吉凶) 중에서 길(吉)만 오고 흉(凶)은 없기를 바라는 마음이 점을 치게 한다. 인간은 누구나 행복[吉]을 바라고 불행[凶]을 마다한다. 이 때문에 용한 점쟁이라면 사족을 못쓰는 사람들이 생겨나는 것이다. 열자 역시 그런 부류에 들었다가 선생 덕에 풀려난 셈이다.

생사(生死)를 둘로 보고 길흉(吉凶)을 둘로 보고 화복(禍福)을 둘로 보기 때문에 우리는 삶을 구애(拘碍)하게 된다. 구애(拘碍)란 걸림[碍]에 잡혀 있다[拘]는 말이다. 무슨 걸림이란 말인가? 나를 자유롭지 못하게 하는 것이 곧 걸림이다. 매달린 내가 어찌 자유롭다 하겠는가? 이것저것 차별하고 시비하지 말라 함이 사시여사인(食豕如食人)이다. 먹여 줄 사(食), 그리고 돼지 시(豕). 그러나 이것저것 차별하고 시비하다 보니 내가 나를 구속하고야 만다는 것이다. 차별 따위로 나 스스로를 구속하지 말라. 그러면 누구나 위이(委蛇)할 수 있다.

물길을 보라. 물은 흐르기를 지형(地形)에 맡긴다. 물은 길을 따라 흐를 뿐 억지로 흐르지 않는다. 이처럼 순순히 따르는 모습을 일러 위이(委蛇)라 한다. 맡길 위(委), 구불구불 갈이(蛇)로, 여기서 이(蛇)는 자연을 따르는 모습이다. 그러면 누구나 무애(無碍)를 누릴 수 있다. 무애(無碍)의 삶이야말로 더할 바 없는 자유다. 그래서 길흉의 걸림에 스스로를 묶지 말라는 것이다.

용한 점쟁이라고 자처하던 계함의 헛바닥 놀림에 놀아난 열자가 왜 선생[壺子]에게 혼쭐났겠는가. 차별의 상에 걸렸다가 그렇게 된 것이다. 이 우화에서는 호자가 장자의 대변인 구실을 하고 있는 셈이다. 물론 우리도 모두 혼쭐이 나야 한다.

3. 숙(儵) · 홀(忽) · 혼돈(渾沌)

이 우화는 장주의 꿈[周之夢]과 더불어 가장 유명한 이야기로, 혼돈(渾沌)이 칠규(七竅)로 죽었다[死]는 유명한 우화다. 아마도 이 혼돈의 우화 때문에 긁어 부스럼 내지 말라는 속담이 생긴 것 아닐까 싶다. 생긴 그대로 그냥 내버려두라. 이를 일러 자연(自然)이라 한다. 아름답게 보이기 위해 코를 높이고 쌍꺼풀 만들기를 마다 않는 지금 세상에서 이 우화가 뚱딴지처럼 들리는 사람도 많을 것이다. 그러나 비싼 돈 들여 성형

한 콧대는 훗날 문드러지면 피었다 시드는 낙화[洛花]는 아닐 터이다. 제발 구멍을 뚫으려는 송곳을 손에 들고 있지 말라. 그냥 그대로 내버려두라. 그러나 아무리 이렇게 말한들 쇠귀에 경 읽어 주는 꼴이니 인간의 운명도 혼돈(渾沌)이려니 싶어 겁이 난다.

남쪽 바다의 임금을 숙(儵)이라 하고 북쪽 바다의 임금을 홀(忽)이라 하며 중앙의 임금을 혼돈(渾沌)이라 한다. 숙과 홀이 혼돈 땅에서 만났는데, 혼돈이 그들을 매우 융숭하게 대접했다. 숙과 홀은 혼돈의 후한 대접에 어떻게 보답할지를 의논하다가 맞장구를 쳤다.

"사람에게는 일곱 개의 구멍이 있어서 보고 듣고 먹고 숨쉬는데 혼돈에게는 그게 없어. 시험삼아 구멍을 뚫어 주자."

그리고는 날마다 구멍을 한 개씩 뚫어 주었는데[日鑿一竅], 이레가 지나자 혼돈은 그만 죽고 말았다[七日而渾沌死].

천지천지[天之穿之]라는 말이 있다. 하늘이 구멍을 뚫는다[天之穿之] 함이다. 사람에게 있는 일곱 개의 구멍은 하늘이 뚫어 준 것이다. 그런데 그것을 흉내내 혼돈의 몸에 구멍을 뚫었으니 혼돈은 당연히 살 수 없다. 숙(儵)과 홀(忽)을 인위(人爲)의 이미지로 체험했으면 한다. 잘하자고 한 짓이 오히려 탈이 되고 흉이 되어 험한 꼴을 당하고 사는 문명 세상을 생각해 보라. 사람만 편히 살기 위해 발버둥치는 문명의 공장에서 굴뚝이 뿜어내는 독한 연기가 곧 숙과 홀이 뚫어 준 구멍이 아닌지 한번쯤 생각해 볼 일이다. 이렇게 말해 두고 싶다.

"하늘이 뚫어 준 숨구멍을 한사코 사람이 틀어막는다."

외편

外篇

변무
駢拇

[요점]　　　　　변무(駢拇)라는 말로 시작하기 때문에 편명 (篇名)을 변무라 한다. 이 한 마디로도 이 편의 내용을 짐작해 볼 수 있다. 변무(駢拇)는 엄지발가락과 집게발가락이 달라붙어 하나가 된 것을 말한다. 네 발가락을 변무라 한다. 변무로 태어났다면 그 또한 자연스런 모습으로 여기면 그만이다. 변무를 갈라서 다섯 개로 만들 려고 하면 아플 것이고, 육손이의 덧손가락을 잘라 내면 그 또한 아 플 것이니 그냥 그대로 두면 그만인 게다. 자연의 입장에서 본다면 엄지발가락과 집게발가락이 붙어도 그만이고 떨어져 달려 있어도 그만이다. 발가락이 다섯 개면 성하고 발가락이 네 개면 병신이라고 시비를 거는 것은 못난 짓이다.

변무(駢拇)란 남아도는 것과 없어도 되는 것을 말한다. 오히려 있어 서 탈이 되는 군더더기일 수도 있다. 이른바 인위(人爲)라는 것이 그 런 변무다. 이 편에서는 유가의 인의와 같은 것이 인간의 본성에 공

연히 붙어 있는 변무라고 심하게 꼬집는다.《장자》의 내편(內篇)은
시비를 떠난 하나[—]의 세계를 말하고, 외편(外篇)은 철저한 시비의
관점[二]을 사고 있음을 염두에 두었으면 한다. 그래서《장자》의 외
편은 후대의 도가들이 엮어 놓은 이야기라는 말을 듣는 것이다.

[변무의 인물들]

1. 이주(離朱) · 사광(師曠)

황제(黃帝) 때 살았다는 이주. 황제란 전설의 시대[太初]를
의미한다고 보면 된다. 이주는 일백 보나 떨어진 곳에서도 눈
곱보다 더 작은 먼지를 보았다는, 시력이 뛰어난 전설의 인물
이다. 그러나 지나치게 눈이 밝은 자는 오색(五色)을 어지럽
히고 화려한 무늬에 홀려 눈부시게 하기를 좋아한다. 눈부시
게 하는 사람들을 두고 이주의 무리라 한다. 눈부시게 하면
할수록 어지럽다. 그래서 노자는 화기광(和其光)하라 했다. 눈
부시게 하지 말라[和其光] 함이다. 그러나 사람들은 시력을 앞
세워 홀리게 하려는 재주를 앞세우려 한다. 도가는 이주가 그
런 무리라고 비판한다.

춘추(春秋) 시대에 살았다는 음(音)의 대부(大夫)인 사광은
음악의 명인(名人)이다. 그러나 장자는 지나치게 귀가 밝은

사람 역시 오음(五音)을 어지럽힌다고 꼬집는다. 갖가지 가락을 만들어 음을 어렵게 만들어 버린다. 이른바 십이율(十二律)과 같은 말이다. 바람 소리, 물 소리, 새 소리, 귀뚜라미 소리, 매미 소리에는 십이율이 없다. 사광과 같은 사람이 음을 만들어 혼란스럽게 할 뿐이다. 도가는 사광이 그러한 무리라고 비판한다.

〈제물론〉에서 남곽자기(南郭子綦)가 안성자유(顔成子游)에게 물었던 일을 떠올려 보라. 사람의 퉁소 소리[人籟]와 땅의 퉁소 소리[地籟], 하늘의 퉁소 소리[天籟]를 물었던 일을 상기해 보라. 결국엔 아무리 십이율로 음악을 만들어도 산하에서 지저귀는 새 소리만 못하다는 것이다. 새 소리는 천지의 소리요, 십이율은 사람이 만들어 꾸민 소리[聲]에 불과하기 때문이다. 소리를 꾸미지 말라. 자연의 소리에 공연히 붙어 있는 변무일 뿐이다. 그래서 시력을 재주로 팔고 청력을 재주로 파는 인간들이 인간의 본성을 어지럽힌다고 하는 것이다. 물론 요새 사람들이 이러한 주장에 동의할 리 없다. 방자해진 인간은 이미 자연을 잊은 지 오래되었기 때문이다.

2. 장(臧)·곡(穀)

장(臧)과 곡(穀)은 종을 말한다. 계집종을 곡(穀)이라 하고 사내종을 장(臧)이라 한다. 이 우화는 그러한 장과 곡을 등장인물로 삼고 있다. 동시에 백이(伯夷)와 도척(盜跖)도 등장한다. 백이가 청렴하고 선한 반면 도척은 도적의 우두머리이자 악한 인물이었다는 것은 상식이다. 그런데 여기서는 왜 양치기하는 장과 곡이 이러한 상식을 뒤집어엎는지 생각해 보게 한다.

장(臧)과 곡(穀)이 양(羊)을 치다가 둘 다 그만 양을 잃고 말았다. 이에 장에게 왜 양을 잃었느냐고 물었더니 죽간(竹簡)의 글을 읽다가 양을 잃었다고 했다. 이번에는 곡(穀)에게 물었더니 놀이하다가 양을 잃었다고 했다. 장과 곡의 짓거리는 같지 않지만 양을 잃었다는 점에서는 둘이 똑같다.

마찬가지로 백이(伯夷)는 명예를 위해 수양산 아래서 굶어 죽었고, 도척(盜跖)은 이욕(利欲)에 눈이 멀어 동릉산(東陵山) 위에서 죽었다. 이 둘이 죽은 곳은 같지 않지만 목숨을 해쳐 본성을 상하게 한 것은 결국 똑같다. 이를 두고 어찌 백이는 옳고 도척은 그르다 하겠는가. 세상 사람들은 모두 다 제 몸을 해치고 있다. 인의(仁義)를 위해 몸을 바치면 세상은 그를 군자라 하고, 재물(財物)을 위해 몸을 바치면 세상은 그를 소인이라 한다. 그러나 몸을 해친다는 입장에서 보면 다 같은데 어찌 군자니 소인이니 차별할 수 있단 말인가.

장(臧)이란 사내종과 곡(穀)이란 계집종에게 있어 양(羊)이란 군더더기 같은 변무일 뿐이다. 비록 종노릇하는 형편이지만 사내종은 대쪽에 적힌 글을 읽다가 양을 잃었다 하고, 계집종은 놀이하다 양을 잃었다 한다. 변무 같은 것[羊] 따위로 목숨[本性]을 해치지 않음을 노예인 장과 곡을 빌어 말하고 있는 셈이다.

그러나 백이(伯夷)와 도척(盜跖)은 양(羊) 때문에 몸을 해치고 목숨을 잃어버린 꼴이다. 백이가 기르던 양을 명예(名譽)라고 상상해 보고 도척이 기르던 양을 이욕(利欲)이라고 상상해 보라. 그러면 이 우화가 왜 장과 곡을 등장시킨 다음 백이와 도척을 뒤따라 등장시켰는지 짐작이 될 것이다. 백이의 목숨을 앗아간 명예라는 것은 없어도 될 변무요, 도척의 목숨을 앗아간 이욕 역시 없어도 될 변무라는 것이다. 유가의 인의 역시 그런 변무일 뿐이다. 군더더기 따위로 목숨을 해치다니 이 얼마나 어리석은가.

마제
馬蹄

[요점]　　　　　이 편 역시 마제(馬蹄)라는 말로 시작하기 때문에 편명을 마제라 했다. 이 우화에서는 말[馬]이 주인공으로 등장한다. 야생에서 사는 말은 제 수명껏 살지만 사육당하는 말은 불행하게 되었다는 이야기를 들어 유가의 인의로 세상을 다스리려는 탓에 세상이 불행해졌음을 밝힌다. 앞의 〈변무〉 편과 같은 맥락으로 이어지는 셈이다.

[마제의 인물들]

마(馬)·백락(伯樂)

백락(伯樂)의 성씨는 손(孫)이고 이름은 양(陽)이다. 춘추 시대 때 진(秦) 나라 사람으로, 본래 백락은 천마(天馬)를 관리하는 별 이름인데, 손양(孫陽)이 워낙 말을 잘 다루었기에 그를 백락이라고 불렀다. 지금도 말을 잘 조련하는 사람을 일러 백락과 같다고 한다.

말은 발굽이 있어서 눈이나 서리를 밟을 수 있고, 털이 있어서 추위와 바람을 막을 수 있다. 마음대로 풀을 뜯고 물을 마시며 껑충거리며 산하에서 뛰논다. 이것이 말의 본성이다. 아무리 화려한 궁전이 있어도 말에게는 아무 소용이 없다. 그러나 백락이 '내가 좋은 말을 만들겠다'고 한 이래 말의 털은 지져지고 깎였다. 발굽은 모두 인두질 당하고 깎였으며 목은 굴레에 묶였고 마구간에 일렬로 죽 매이게 되었다. 그러다 보니 열에 두세 마리는 죽어 버렸다. 먹이를 주지 않고 물조차 먹이지 않은 채 달리기를 시키고 명령대로 하게 만들었다. 앞에는 재갈과 가슴 받이가 달리고 뒤에는 채찍질 당할 위험에 놓이게 만들었다. 이 때문에 말의 반수가 죽고 말았다.

말의 입장에서 보면 백락은 없어져야 할 인간이다. 백락이 말을 다스린다 함은 곧 말을 못살게 한다는 것이다. 여기서는 이처럼 인의를 앞세워 백성을 다스린다는 치자도 백락과 조금도 다를 바가 없다고 꼬집는다. 국민을 위해 정치를 한다면서 뒤에서는 부정부패를 일삼는 정치꾼이 말을 못살게 하는 백락과 무엇이 다르겠는가 말이다.

거협
胠篋

[요점] 이 편도 앞머리 두 자를 따서 편명을 거협(胠篋)이라 했다. 열 거(胠), 상자 협(篋)으로, 즉 상자를 연다[胠篋]는 말이다. 귀중품을 넣어 두는 금고(金庫)와 같은 것으로 생각하면 된다. 그러나 도둑맞지 않으려고 금고에 잘 넣어 둔다고 해서 과연 안전할까? 작은 도둑은 금고를 열고 훔쳐가지만 큰 도둑은 금고째 훔쳐가 버린다. 그래서 큰 도둑 앞에서는 어떠한 상자도 소용이 없다. 오히려 큰 도둑을 위해 잘 마련해 두는 꼴이 될 수 있다. 결국엔 자연 속에 그대로 그냥 내버려두는 것만 못한 꼴이 된다. 그러니 잔재주[人爲]를 부리지 말라 함이다.

전성자(田成子)

전성자(田成子)는 제 나라의 대부(大夫)로, 전상(田常)을 말
하며 성자(成子)는 그의 시호다. 자신의 군주인 간공(簡公)을
죽이고 실권을 장악했으며, 그의 증손자였던 전화(田和)는 제
나라를 가로채고 말았다. 도척(盜跖)을 두고 천하의 도적이라
하지만 아무리 그래도 전성자보다는 작은 도둑이다. 제 나라
라는 천하를 통째로 훔친 전성자 아래서 정사(政事)를 맡았던
벼슬아치[智者]들을 생각해 보라. 그들이야말로 큰 도둑을 위
해 물건을 모아 주는 졸개가 아닌가.

전성자는 하루아침에 제 나라 군주를 죽이고 나라를 훔치
고 말았다. 그러나 훔친 것이 어찌 나라뿐이겠는가. 그는 성
인과 지자(智者)들이 이룩해 놓은 법(法)까지도 훔쳤다. 전성
자는 나라를 훔친 도둑이란 이름을 얻었지만 그 몸은 요순(堯
舜)과 같은 안정된 지위를 얻었다. 작은 나라는 감히 전성자
를 비난하지 못했고, 큰 나라는 감히 전성자를 타도하지 못했
다. 그리하여 전성자의 후손들이 무려 12대에 걸쳐 제 나라를
차지했으니 나라를 훔치고 성인과 지자들이 이룩한 법을 훔

처 도둑의 몸을 지키지 않았느냐 말이다.

제 나라의 12대라면 대략 BC 265년경이니 〈거협〉 편은 장
자가 죽은 지 훨씬 후대의 것이란 짐작이 된다. 말로는 백성
을 편안히 해 주기 위해 세상을 다스린다고 하면서 실제로는
백성을 못살게 하는 군왕이 얼마든지 있다. 어디 옛날의 군왕
들만 그랬겠는가. 몹시 유식하다는 무리들이 통치자 밑에 붙
어서 부정부패를 일삼는 꼬락서니를 지금도 얼마든지 볼 수
있다. 도가에서는 인위가 훔치는 짓을 자행하므로 버리라고
주장한다. 그러나 무위는 자연 그대로 그냥 내버려두라고 주
장한다.

재유
在宥

[요점]　　　　　　이 편도 앞머리 두 자를 따서 편명을 재유(在宥)라고 했다. 있을 재(在), 놓을 유(宥). 유천하(宥天下), 즉 세상[天下]을 그냥 그대로 놓아둔다[宥] 함이다. 이는 곧 무위하라는 말이요, 인위를 가하지 말라 함이다. 이 편에는 요(堯)와 걸(桀), 황제(黃帝) 등이 행한 정치와 그 결과에 관한 이야기가 나온다. 유가에서는 요와 황제를 성왕(聖王)으로 모시고 걸을 폭군으로 치지만 도가에서는 성군, 폭군 가릴 것 없이 인의 따위의 인위적인 덕목을 만들어 세상을 어지럽힌다고 주장한다. 그래서 모든 것을 자연에 맡겨 두고 인위를 가하지 말라고 한다. 그리하여 노자는 절성기지(絶聖棄知)하라 했다. '성(聖)을 끊어 버리고[絶] 지(智)를 버려라[棄].' 여기서 성(聖)이란 천하를 다스린다는 요순(堯舜)을 뜻하고, 지(智)는 인의를 앞세운 유가의 군자를 말한다. 백성을 다스린다는 생각을 버리고 그냥 그대로 백성을 내버려두라. 이것이 바로 재유(在宥)의 속뜻이다.

1. 최구(崔瞿) · 노담(老聃)

최구(崔瞿)는 노자의 제자 정도로만 알려져 있다. 노담(老聃)은 도가(道家)의 개조(開祖)라고 할 수 있는 노자의 이름이다. 여기서는 노담과 최구를 만나게 하여 세상을 다스린다는 일이 얼마나 부질없는 짓인가를 노자로 하여금 설파하게 한다. 노담의 이야기를 듣다 보면 성군이라는 요순도 별수 없다는 생각이 든다. 천하를 다스린다는 말은 애초부터 백성을 아프게 했던 모양이니, 난장(亂場)과 같은 오늘날의 정치가 새삼스러울 것도 없다는 생각이 들어 씁쓸하다.

최구가 노담에게 물었다.

"세상을 다스리지 않는다면 어떻게 사람들의 마음이 좋아지겠습니까?"

노담이 말했다.

"자네 사람의 마음을 어지럽히지 않게 삼가게나. 사람의 마음은 억누르면 가라앉고 추켜세우면 올라온다네. 오르락내리락 하다가 힘이 빠지지. 부드러움으로 굳센 것을 나긋나긋하게 하거나 날카로운 것을 아로새겨 상처를 내기도 하지. 또

뜨거워지면 불길처럼 솟고, 차가워지면 얼음처럼 꽁꽁 뭉친다네. 재빠르기는 고개를 들었다 하면 사해 밖까지 뒤엎고, 움직이지 않으면 깊은 물처럼 고요하지만, 움직였다 하면 하늘만큼 동떨어진다네. 하도 치달아 잡아매 둘 수 없는 게 사람의 마음 아니겠는가."

'인의(仁義)나 예지(禮智) 따위로 사람의 마음을 묶지 말라.' 노자가 최구에게 이렇게 당부하는 장면을 상상해 보기 바란다. 죽 끓듯이 변덕스러운 것이 사람의 마음인데, 그것을 함부로 묶어 두려는 생각 탓에 난세를 빚고 만다는 것이다. 인심(人心)을 잡아 두기 위해 동분서주했지만 요순(堯舜)의 허벅지 살갗이 깎여 나갔고, 털이 닳도록 애썼다지만 오장만 상하고 세상은 점점 더 혼란에 빠지고 말았다며 도가는 지금 유가를 치고 있다.

2. 광성자(廣成子) · 황제(黃帝)

광성자가 노자를 의미한다는 설도 있지만 그냥 무위자연(無爲自然)을 나타내는 등장 인물로 보면 된다. 황제가 광성자를 찾아와 지도지정(至道之精)을 묻는 장면이다. 그러나 황제는 더할 바 없이 지극한 도의 참모습[精]을 물었다가 면박만 당하고 만다. 본래 정(精)과 정(情)은 모두 참모습[眞相]을 뜻한

다. 지도(至道)의 참모습을 배우겠다는 황제를 광성자가 혼내
준다.

황제가 천자의 지리에 오른 지 십구 년이 되자 천하에 명령
이 뻗쳤다. 하지만 광성자는 여전히 공동산(空同山) 위에 있다
는 말을 듣고 황제가 찾아가 물었다.

"선생께서는 지도(至道)의 경지에 들었다는 말을 들었습니
다. 감히 지도의 참모습에 관해 묻고 싶습니다. 저는 천지의
정기를 잡아[吾欲取天地之精] 오곡을 자라게 하고[以佐五穀] 백
성을 잘살게 하고[以養民人] 싶습니다. 또한 음양을 관리하고
싶고[欲官陰陽] 만물을 무성하게 하고 싶습니다[以逐群生]. 이
를 위해 어찌하면 되겠습니까?"

이에 광성자가 대답했다.

"당신이 듣고 싶어하는 것은[而所欲聞者] 사물의 본질이고
[物之質也] 지배하고 싶은 것은[所欲官者] 사물의 잔애요[物之殘
也]. 당신이 세상을 다스린 된 뒤부터는[自而治天下] 구름이 제
대로 엉기기도 전에 비가 내리고[雲氣不待族而雨] 가을이 오기
도 전에 초목이 떨어져 버리고[草木不待黃而落] 일월의 빛도 차
츰 어두워졌소[日月之光益以荒矣]. 당신은 천박한 마음으로 입
담만 그럴 듯하게 할 뿐이오[而佞人之心翦翦者]. 그런데 어찌
지도(至道)를 말한단 말이오."

거절당하는 황제를 보라. 이 우화는 아무리 천하를 주물러 대는 황제라 해도 공동산 위에 산다는 광성자에게는 미치지 못한다는 것을 암시하고 있다. 공동산의 공동(空同)은 허공대동(虛空大同)의 준말로 여기면 된다. 허공(虛空)은 무사(無私)하여 무욕(無欲)하다는 말로 새겨듣고, 대동(大同)은 시비의 분별을 떠나 차별이 없어 만물을 하나로 보는 것으로 여기면 된다. 즉 황제의 명령이 통하지 않는 무위자연의 현장이라고 생각하면 된다. 구변만 좋을 뿐 정성이 없는 황제가 어찌 지극한 도의 참모습을 알려고 하느냐 말이다. 황제는 두말 못하고 물러가 근신한 뒤에 다시 광성자를 찾아와 지도를 물었다 한다. 이에 광성자는 황제에게 이렇게 말해 주었다.

"당신의 안을 삼가고[愼女內] 당신의 밖을 닫아 버리시오[閉女外]. 지식이 많으면 일을 망치오[多知爲敗]."

여기서 여내(女內)의 내(內)는 마음이나 목숨으로 여기면 될 것이고, 여외(女外)의 외(外)는 사물에 대한 지식 정도로 이해하면 될 것이다. 마음을 혼란스럽게 하여 아까운 목숨을 해치지 말라. 그렇게 하기 위해서는 자연을 따라 살면 그만이다. 날마다 잠들기 전에 5분만이라도 광성자의 말을 들어준다면 정신적으로 건강을 유지하리라 싶다.

3. 운장(雲將)·홍몽(鴻夢)

운상(雲將)과 홍몽(鴻夢)은 모두 등장 인물이다. 운장은 구름의 기운과 바람을 상징하는 인물이자, 바다의 기운을 상징한다고 보면 된다. 그리고 홍몽은 지도(至道)를 깨친 인물로 생각하면 된다. 홍몽은 운장에게 마음을 풀어놓고 정신을 헤쳐 아무것도 모르게 하면 만물이 무성해질 것이라고 가르쳐 준다. 운장이 홍몽의 가르침을 받고 간다는 이 우화는 만물이란 본래 저절로 생겨난다는 뜻을 헤아려 보게 한다. 그 뜻이란 바로 덕(德)으로 통한다. 덕이란 지극한 도[至道]의 모습이라고 새겨도 될 것이다.

운장이 동녘으로 여행을 하던 중 부요(扶搖)나무 가지 아래를 지나다 우연히 홍몽과 마주쳤다. 홍몽은 마침 넓적다리를 두드리며 껑충껑충 뛰놀고 있었다. 그 광경을 본 운장이 깜짝 놀라 서서 물었다.

"당신은 뉘시오? 늙은 분이 어찌 그러고 계시오?"

운장의 물음에 홍장은 여전히 넓적다리를 두드리고 껑충거리면서 대꾸했다.

"놀고 있소."

운장이 뭘 좀 물어보고 싶다고 하자 홍몽이 그를 쳐다보며 그러냐고 대꾸했다. 운장이 물었다.

"하늘의 기운은 어울림을 잃었고[天氣不和] 땅의 기운은 꽉 막혀 응어리졌고[地氣鬱結] 음양과 풍우, 명암[陰陽風雨明暗]은 흐트러지고[六氣不調] 네 계절은 순조롭질 못합니다[四時不節]. 지금 저는 육기의 정수를 모와 만물을 키우고 싶은데 어찌하면 좋겠습니까?"

그러나 운장의 물음에 홍장은 "난 몰라. 난 몰라" 하면서 여전히 넓적다리를 두드리고 껑충거리기만 했다. 이에 운장은 더 이상 묻지 못하고 떠났다.

삼 년 뒤 운장은 동녘으로 여행을 하던 중 송 나라 들판을 지나다가 다시 홍몽과 마주쳤다. 운장은 기뻐 달려가 "하늘께서 저를 잊었습니까? 저를 잊었습니까?" 하고선 두 번 절을 올린 다음 가르침을 받고 싶다고 했다. 홍몽이 대답했다.

"나는 둥둥 떠다니며 놀 뿐 찾는 것이란 없다오[浮遊不知所求]. 내키는 대로 다녀도 갈 데가 없어요[猖狂不知所往]. 노닐기란 자족하고 바르지요[遊者鞅掌]. 그리하여 거짓 없는 것만 본다오[以觀無妄]. 내가 무엇을 알겠소."

운장이 말했다.

"저도 내키는 대로 하고 있다는 생각입니다. 저는 백성에게서 빠져나올 수가 없답니다. 그러다 보니 제가 제 백성을 흥내내게 되었습니다. 부디 한 말씀만 해 주십시오."

홍몽이 말했다.

"하늘의 길을 어지럽히고[亂天之經] 만물의 참모습을 거역
하며[逆物之情] 하늘의 오므합이 이루어지지 않아[玄天不成] 짐
승의 무리는 흩어지고[解獸之群] 새들은 밤새 울고[而鳥皆夜鳴]
초목에까지 재앙이 미쳐[災及草木] 벌레들마저 화를 당하지요
[禍及止蟲]. 사람을 다스린다는 게 잘못이오[治人之過也]."

운장은 하늘에 둥둥 떠가는 구름이고 홍몽은 어디에나 있
는 물이라고 상상해 보라. 그러면 이 우화가 얼마나 장대한지
를 실감할 수 있으리라. 홍몽은 자신의 넓적다리를 두들기고
깡충거림으로써 운장의 야심을 팽개쳐 버리고는 자기 자신을
일러 노니는 자[遊者]라고 밝힌다. 유자(遊者)는 어떤 모습인
가? 창광(猖狂)이요, 무망(無妄)이요, 앙장(鞅掌)이다. 창광(猖
狂)이란 무심(無心)함이요, 무망(無妄)이란 진실(眞實)함이요,
앙장(鞅掌)이란 자족(自足)하여 자정(自正)함이다. 이것을 묶
어 그냥 자연(自然)이라 해도 되고 무애(無碍)라 해도 된다.

만물을 키우겠다고 다짐하는 운장이여, 만물은 저절로 생겨
나니 그대로 그냥 내버려두라. 육기(六氣)를 합치겠다고 다짐
하는 운장이여, 누가 음양(陰陽)을 다스리고 누가 풍우(風雨)를
다스리며 누가 명암(明暗)을 다스릴 수 있단 말인가? 과욕(過

欲)하지 말라. 그러면 만물의 참모습이 망가지고 만다. 과욕 중의 과욕이 치인(治人)임을 알라. 사람을 다스리겠다[治人]는 야욕으로 가득 찬 정치가들이 홍몽을 만나 보았으면 한다. 사람을 노닐게 하라. 이를 일러 재유(在宥)라 함을 기억하라.

천지
天地

[요점]　　　　　이 편도 앞머리 두 자를 따서 편명을 천지(天地)라 했다. 천지(天地)란 곧 자연(自然)이라는 말로, 사람을 다스리든 몸을 다스리든 자연을 따라 살라는 속뜻이 담겨 있다. 지교(知巧)를 부리지 말라 함이 곧 천지다. 결국 이 편은 무위(無爲)의 뜻을 펴고 있는 셈이다. 그래서 〈응제왕〉과 뜻을 같이한다는 말을 듣기도 한다. 그러나 앞에서처럼 심하게 유교를 비난하기보다는 타협하려는 기미를 보여 이채롭다 하겠다.

[천지의 인물들]

1. 부자(夫子)

부자(夫子)는 선생으로 받들어 모신다는 존칭이다. 이 편에서는 이러한 부자(夫子)를 우화의 주요 인물로 등장시켜 놓고 있다. 부자를 노자(老子)로 보자는 쪽이 있는가 하면 장자(莊子)로 보자는 쪽도 있다. 어쨌든 이 우화에서 부자는 군자(君子)의 십자(十者)를 설파하여 우리로 하여금 무위의 길을 좀 더 가깝게 가늠해 보도록 한다. 게다가 도가에서는 잘 쓰지 않는 군자(君子)라는 말도 나온다.

선생[夫子]이 말했다.

"무릇 도라는 것은 만물을 감싸 안아 넓고도 크다. 군자도 마음을 크게 하여 넓히지 않으면 안 된다. 아무 일도 하지 않으면서 일하는 것을 천(天)이라 한다[無爲爲之之謂天]. 말하지 않으면서도 말하는 것을 덕(德)이라 한다[無爲言之之謂德]. 남을 사랑하며 사물을 이롭게 하는 것을 인(仁)이라 한다[愛人利物之謂仁]. 서로 같지 않으면서 같게 하는 것을 대(大)라고 한다[不同同之之謂大]. 행동하되 남달리 하지 않는 것을 관(寬)이라 한다[行不崖異之謂寬]. 여러 가지를 갖는 것을 부(富)라 한다[有萬不同之謂富]. 덕을 지켜 나가는 것을 기(紀)라고 한다[故執德之謂之紀]. 덕이 이루어지는 것을 입(立)이라 한다[德成之謂之立]. 도를 쫓아 따름을 비(備)라 한다[循於道之謂備]. 사물에 따라 뜻을 꺾지 않는 것을 완(完)이라 한다[不以物挫志之謂完]. 군자가 이 열 가지를 밝혀 깨달으면 마음가짐이 늠름히 드넓게 커질 것이고, 성대하여 만물이 모여들 것이다. 이렇게 할 인물은 산에 금을 그대로 묻어 두고 연못에 구슬을 던져 그대로 두고 재화를 이익으로 여기지 않고 부귀를 반기지 않으며 출세를 명예로 여기지 않고 곤궁을 수치로 여기지 않는다. 세상의 이득을 제 것으로 만들지 않고 왕이 되었다 한들 높은 지위에 있다는 생각이 없어 늘 세상을 어질게 다스린다."

십자(十者)를 십훈(十訓)이라고 해도 된다. 천(天)·덕(德)·인(仁)·대(大)·관(寬)·부(富)·기(紀)·입(立)·비(備)·완(完)이라는 십자(十者)를 밝혀 깨달아라[明]. 그래서 사람이 사람 구실을 하려면 무엇보다 먼저 자명(自明)하라 한다. 내가 나를 밝혀라[自明]. 등잔 밑을 어둡게 내버려두지 말라 함이다. 이 우화에서 장자의 처세관을 엿볼 수 있다. 단지 사회 생활을 접고 산속으로 들어가 은둔한다고 해서 무위의 삶이 아니다. 사람들의 틈바구니에서 십자로 망망한 바다처럼 마음의 도량을 크게 갖고 자연을 따라 사는 것이 무위의 삶이다. 특히 사물에 따라 마음을 꺾이게 하지 말라는 십자(十者)의 맨마지막 완(完)을 기억하는 일이 급하다는 생각이다. 쓰면 뱉고 달면 삼키는 심술이 우리 모두를 아프게 하는 까닭이다. 십자를 설하는 선생 앞에 할 말이 없다.

2. 상망(象罔)

　망상(罔象)이라고도 불리는 상망(象罔)은 무심(無心)을 의인
화한 인물이다. 무심이란 무욕(無欲)이요, 무사(無私)요, 무친
(無親)이니 결국은 허심(虛心)이란 말이다. 있는 듯하다가도
없고 없는 듯하다가도 있는 형상을 일러 상망(象罔)이라 한
다. 나서지 않는 모습을 일러 상망이라고 해도 된다. 그러나
세상에는 잘난 척하며 남 앞에 나서기 좋아하는 사람들이 득
세(得勢)한다. 그러나 이 우화에서는 그런 능력을 자랑하는
치들이 망신을 당한다.

　황제가 붉은 강[赤水]의 북쪽을 여행하고 곤륜산에 올라 남
쪽을 바라보고 내려왔는데, 그만 신비로운 구슬[玄珠]을 잃어
버리고 말았다. 아는 것이 많다는 지(知)로 하여금 찾게 했으
나 찾지 못했고 눈이 밝다는 이주(離朱)로 하여금 찾게 했지만
역시 찾지 못했다. 말을 잘해 시비를 잘 거는 끽후(喫詬)에게
도 찾아보게 했으나 역시 찾지 못했다. 그리하여 상망(象罔)
을 시켜 찾게 했더니 상망은 그 현주(玄珠)를 찾아냈다. 이를
보고 황제가 말했다. "모를 일이다. 상망이 그걸 찾아냈다
니……"

　남보다 많이 안다고 뽐내는 지(知), 남보다 눈이 밝다고 자

랑하는 이주(離朱), 남보다 언변이 좋다고 시비를 일삼는 끽후(喫詬)는 모두 한가락씩 한다는 유명 인사들을 떠올리게 한다. 그러나 황제는 세상에서 내로라하는 사람들이 결국엔 빛 좋은 개살구라는 사실을 몰랐던 것이다. 지(知), 이주(離朱), 끽후(喫詬)를 버려 두고 상망(象罔)을 먼저 불렀더라면 헛수고를 하지 않았을 터인데 말이다.

뽐내지 말라. 잃어버린 구슬[玄珠]을 찾지도 못하면서 떵떵거리지 말라. 인간이 건방지게 까불다가 현주(玄珠)를 잃어버린 것이 아닌가. 지식(知識), 명성(名聲), 부귀(富貴), 영화(榮華), 권세(權勢), 재물(財物)과 같은 것들은 모두 인간을 오만하게 하고 방정떨게 하여 현주(玄珠)를 잃어버리게 한다. 현주(玄珠)는 무엇을 뜻하는가? 도(道)를 뜻한다. 만물을 품에 안고 하나로 보는 천지의 참모습[天地之情]으로서의 도(道) 뜻한다. 현주를 잃었던 황제여, 잃었던 현주를 찾게 됐으니 상망 앞에 무릎을 꿇어라.

3. 봉인(封人)

봉인(封人)은 국경을 지키는 사람을 말한다. 봉인이라는 지위는 낮다. 여기서는 봉인이 요(堯)를 성인(聖人)이라 부르면서 축하하는 장면을 그리고 있다. 이 우화는 가장 높은 지위에 있는 임금을 가장 낮은 지위에 있는 사람이 축하하는 장면을 통해 깊은 뜻을 담고 있다. 요와 봉인 가운데 누가 더 성인일까? 이 물음에 답해 보라고 한다.

요 임금이 화(華)라는 곳을 여행하고 있는데, 그곳의 국경지기가 요 임금께 말했다.

"성인(聖人)이시군요. 성인께 축복을 드리고 싶습니다. 부디 장수하십시오."

이에 요 임금이 장수하기를 사양한다고 하자 봉인이 말했다.

"성인께서는 부유하십시오."

그러자 이번에도 요 임금은 부유하기를 사양했다. 다시 봉인이 말했다.

"성인께 아들이 많으시길 바라옵니다."

그러나 요 임금이 이마저도 사양한다고 하자 봉인이 물었다.

"장수하고 부유하고 아들이 많기를 바라는 것은 누구나 다 똑같을진대 당신만 유독 바라지 않겠다[女獨不欲]고 하니 어째서요?"

이에 요 임금이 대답했다.

"아들이 많으면 걱정이 늘고[多男子則多懼] 부자가 되면 귀찮은 일이 많아지고[富則多事] 장수하면 허물이 많아집니다[壽則多辱]. 이 세 가지는 모두 덕을 키우지 못하는 것이라[此三者非所以養德也] 사양하는 것이오[故辭]."

그러자 봉인이 말했다

"처음에 나는 당신이 성인인 줄 알았는데, 이제 보니 군자 정도밖에 안 되는군요. 하늘은 만민을 낳아[天生萬民] 저마다에게 할 일을 주었지요[必授之職]. 아들이 많더라도 할 일을 준다면 무슨 걱정이 있단 말이오. 부자가 되더라도 사람들에게 나누어준다면 무슨 귀찮은 일이 있겠소. 무릇 성인은 메추라기처럼 아무데서나 살고[鶉居] 어미 새가 주는 대로 받아먹는 새 새끼처럼 먹고[鷇食] 새가 날아다니듯 자취를 남기지 않지요[鳥行而无彰]. 천하에 도가 있으면[天下有道] 만물과 더불어 모두 다 번창하고[則與物皆昌] 천하에 도가 없다면[天下无道] 덕을 닦고 마음 편하게 삶을 누리지요[則脩德就閒]. 천세를 누리다 세상이 싫어지면[千歲厭世] 물러가 하늘에 올라[去而上遷] 흰 구름을 타고 도의 품에 이르지요[至于帝鄉]. 그러니 장수한들 부유한들 아들이 많은들 성인에게는 수고로울 게 없지요."

봉인은 이렇게 말하고 떠나려 했다. 이에 요 임금은 부디 가르쳐 주십사 하며 애걸했다. 그러나 국경지기는 물러가시오[退已]라는 말을 남긴 채 떠났다.

요 임금은 왜 아들이 많으면 걱정이 많다 했는가? 자식에게 기대하는 바가 있는 까닭이다. 부유하면 왜 일이 많다 했는가? 부를 소유하려 하는 까닭이다. 오래 살면 왜 욕을 본다 했는가? 허물을 범하는 까닭이다. 기대(期待)와 소유(所有), 허물은 모두 무사(無私)하지 못한 탓이다. 그러나 봉인은 지금 무사하다면 아무 탈이 없을 것이라고 오금박고 있다. 무사(無私)가 곧 자연(自然)이요, 무위(無爲)다.

무사해야 양덕(養德)할 수 있다. 사사로움이 탈이지 자녀와 재물, 장수가 탈인 것은 아니지 않은가. 내 것을 챙기는 것이 사사로움[私]이다. 사(私)란 곧 욕(欲)이다. 우리 모두 저놈의 욕심 탓에 더럽고 추하고 너절한 것이지 어머니 뱃속에서부터 대인과 소인으로 나누어져 태어난 것은 아니지 않은가 말이다. 다만 무사하게 사는 사람도 있고 욕심 사납게 사는 사람도 있을 뿐이다.

'성인이 사는 바를 본받아라.' 이것이 바로 이 우화의 주제다. 왜냐하면 성인이야말로 무사(無私)로써 살기 때문이다. 왜 성인이 그러하단 말인가? 봉인은 순거(鶉居)와 구식(鷇食), 무창(無彰)을 들어 요 임금께 그 까닭을 밝혀 준다.

순거(鶉居), 즉 메추라기 순(鶉)과 살 거(居). 메추라기가 사는 곳[鶉居]은 정해져 있지 않다. 메추라기는 이리저리 떠돌며 아무 곳이나 제 집으로 삼고 산다. 그러니 메추라기에게는 정해진 거처랄 것이 없다. 성인도 그렇게 산다는 것이다. 궁궐에 사는 요 임금이 찔끔했을 터이다.

구식(彀食), 즉 새의 새끼 구(彀), 먹을 식(食). 여기서는 구대모사(彀待母食)라는 말을 떠올리면 된다. 새의 새끼[彀]가 모사(母食)하기를 기다린다[待]. 여기서 먹는 것은 식(食)이요, 먹여 주는 것은 사(食)이다. 어미 새가 먹여 주면[母食] 새끼는 받아먹는다[彀食]. 먹여 주는 어미 새는 자연을 말함이요, 구식(彀食)의 구(彀)는 천하 만물을 말함이 아닌가. 궁궐에서 호식하는 요 임금이 찔끔했을 터이다.

무창(無彰)은 즉 자취가 드러남[彰]이다. 업적을 돋보이게 해 놓고는 남들이 그것을 알아주기를 요구하는 짓이 창(彰)이다. 그러한 짓거리를 말라[無彰]. 천하를 잘 다스려 성군이 되겠노라 다짐하는 요 임금이여, 자신의 공적을 남기려고 허벅지 살이 닳고 정강이의 털이 빠지도록 과시하는 자들이 얼마나 많은가. 그러나 노자는 자시자불창(自是者不彰)이라 했다. 즉 제 것만 드러내려 하면 남들이 인정하지 않는다[自是者不彰] 함이다. 요 임금이 부끄러웠을 터이다.

순거(鶉居)와 구식(彀食), 무창(無彰)을 한마디로 싸잡아 표현한다면 노자의 습상(襲常)일 것이다. 상(常)을 물려받아라[襲]. 여기서 상(常)은 만물의 어머니[天下母]인 도(道)라고 여기면 된다. 성인은 그 어미의 품에 살므로 평생 재앙을 남기지

않는다[無遺身殃]. 습상(襲常)하라. 그런 면에서 봉인은 아마도
노자의 대역이 아닌가 싶다.

천도
天道

[요점]　　　　　이 편 역시 첫머리의 두 자를 따서 편명을 삼고 있다. 여기서는 허정(虛靜)과 염담(恬淡)을 통해 자연과 무위를 말하려고 한다. 그리고 세상을 다스리는 데 있어 허정과 염담을 적극적으로 활용하라고 한다. 그 활용은 결국 무위의 정치로 나타난다고 말해도 될 것이다. 이러한 주장은 곧 유가의 인의를 앞세운 치세를 비판하게 한다. 그러나 이 편은 《장자》에서 대수롭지 않다는 평판을 받기도 한다. 그렇다고 해서 이 편의 이야기들을 얕볼 것은 없다. 오히려 부정부패에 시달리면서 사는 우리에게 따끔한 경종이 될 수도 있는 법이다.

옛날에 세상이 썩었다고 했을 때는 임금을 둘러싼 세력들만 그랬을 뿐 백성은 깨끗하고 맑았다. 그러나 지금은 세상이 썩었다고 하면 그 세상에 사는 사람들까지 모두 나름의 책임을 갖게 마련이다. 이제는 군주(君主)의 세상이 아니라 민주(民主)의 세상인 까닭이다. 천도(天道), 즉 하늘 천(天), 길 도(道). 하늘 길[天道]을 말하기를, 허정(虛靜)하다 하고 염담(恬淡)하다 하고 적막(寂寞)하다 하고 무위(無爲)하다 한다.

[천도의 인물들]

1. 장자(莊子)

여기서는 장자(莊子)가 인물로 등장하고 있다. 《논어》에서 공자는 등장 인물이 아니라 제자들의 선생으로 등장한다. 그러나 장자는 이야기를 들려줄 뿐 무엇을 직접 주장하며 가르치려고 하지는 않는다. 우화를 빌어 생각해 보라는 식이다. 여기서도 장자가 우화에 등장해 이야기를 한다고 상상하면 듣기가 편하고 자유로울 것이다. 이런 것이 곧 마음이 누리는 즐거움 아니겠는가. 그러나 몸이 누리는 즐거움은 탐하면서도 마음이 누리는 즐거움은 멀리하는 지금 세상에서는 장자를 두고 허망(虛妄)다고 할 것이다. 말이야 맞다. 장자는 허망한 인물이다. 그는 욕망(欲望)을 쫓는 망령 따위를 버린[虛妄] 주인인 까닭이다.

장자가 말한다.

"내 스승이여[吾師乎], 내 스승이여[吾師乎]! 만물을 부숴 버리고도 난폭하다 않으며[韲萬物而不爲戾] 그 은혜가 만세에 미쳐도 어질다 하지 않으며[澤及萬世而不爲仁] 천지 이전부터 있어 오래됐지만 늙었다 하지 않고[長於上古而不爲壽] 하늘을 덮고 땅을 싣고[覆載天地] 만물을 만들어 내지만 재주가 있다 하지 않는다[刻雕衆形而不爲巧]. 이를 일러 하늘의 즐거움이라 한다[此之謂天樂]. 그래서 말하기를[故曰] 하늘의 즐거움을 아는 자는[知天樂者] 살아서는 하늘이 하는 대로 하고[其生也天行] 죽을 때는 만물의 변화에 따른다[其死也物化]. 고요할 때는 땅[陰氣]과 덕을 같이하고[靜而與陰同德] 움직일 때는 하늘[陽氣]과 흐름을 같이한다[動而與陽同波]. 그래서 천락(天樂)을 아는 자에게는[故知天樂者] 하늘의 원망이 없고[无天怨] 사람들에게 욕먹을 일이 없으며[无人非] 사물에 끼치는 허물이 없어[无物累] 귀신의 책망을 듣지 않는다[无鬼責]. 그러니 천락을 아는 자의 움직임이란 하늘과 같고[其動也天] 고요함이란 땅과 같다[其靜也地]고 한다. 한 마음이 안정되면 천하의 왕이 되어[一心定而王天下] 몸이 상하지 않고[其鬼不祟] 정신도 피로하지 않아[其魂不疲] 일심이 정해지고 만물이 순종한다[一心定而萬物服]. 이는 허정으로써 천지에 나아가 만물에 두루 통함을 말한다[言以虛靜推於天地 通於萬物]. 이를 천락이라 한다[此之謂天樂]. 하늘의 즐거움이란[天樂者] 성인의 마음으로 세상을 기르는 것이다[聖

人之心以畜天下].

장자의 선생은 누구인가? 분명 장자의 선생은 사람이 아니다. 그렇다면 장자의 선생은 무엇인가? 천도(天道)라고 여기면 무방할 것이다. 천도(天道)의 천(天)은 천지 만물을 두루두루 하나로 본다는 말이고, 그 천(天)을 주재하는 그 무엇을 도(道)라고 보면 된다. 그러므로 천도(天道)는 만물을 하나로 다루는 길을 내는 그 무엇[道]이리라. 장자는 천도의 도를 스승으로 모시고 그 앞에 읊조리고 있다.

사실 장자가 위에서 한 말은 〈대종사〉 편에서 허유(許由)가 의이자(意而子)에게 들려준 말과 같다. 어쨌든 장자의 선생은 사람이 아니라 자연이다. 우리가 욕심 사납게 사는 것은 자연을 선생으로 모실 줄 모르는 탓이다. 왜 자연을 선생으로 삼는가? 자연이 천락(天樂)을 누리도록 가르쳐 주는 까닭이다.

욕심이 사납고 억지를 부리며 어긋나면서 자기만 살려고 덤빌수록 오히려 살기가 어렵고 험하고 흉해진다. 왜 그럴까? 허정(虛靜)을 버렸기 때문이다. 내가 욕심을 내지 않는다면 나를 해칠 게 없다. 그래서 무천원(无天怨)이요, 무인비(无人非)요, 무물루(无物累)요, 무귀책(无鬼責)이라 한 것이다.

왜 세상 사람들의 원망[天怨]을 사고 욕을 먹고[人非] 세상의 벌[鬼責]을 받는 사람들이 생겨나는가? 욕(欲)이 사나워 그렇게 된 것이다.

내 욕(欲)을 버렸다. 그것이 바로 허정(虛靜)이다. 허정의 마음가짐이 곧 천지요, 자연이요, 천락의 주인이다. 장자는 그런 주인이 되게 하는 길로 이끌어 주는 자연을 스승이라 한다. 그러나 우리는 욕심 탓에 장자의 스승을 모실 수 없으니 딱하고 부끄럽다. 하지만 천락이란 여천화자(與天和者)임을 잊지 말았으면 한다. 하늘과 어울린다는 것[與天和者]은 곧 무사(無私)하라는 말이다. 욕심을 버리면[無私] 즐겁다는 비밀을 터득하게 하는 실마리가 곧 천락이다.

2. 사성기(士成綺)

성씨가 사(士)이고 자가 성기(成綺)인 사성기(士成綺)가 노자를 만난 우화로, 성인을 보고도 성인인 줄 모르는 경우가 어떠한지를 체험하게 한다. 등잔 밑이 어둡다 했다. 이 우화는 나 역시 바로 앞에 있는 성인을 몰라보고 얕보거나 깔보고 시시대며 살고 있지는 않은지 살펴보게 한다. 그래도 사성기는 뉘우칠 줄 아는 자였으니 자신을 부끄러워했다. 그러나 우리는 부끄러워하기를 마다하니 뉘우칠 줄 모른다. 왜 그러한가? 사성기라는 인물을 통해 그 까닭을 터득할 수 있다.

사성기가 노자를 만나 물었다.

"당신이 성인이라고 들었습니다. 그래서 저는 먼 길을 마다 않고 선생을 뵙고자 찾아와 백 일 동안 여관 신세를 졌습니다. 발바닥에는 굳은살이 박혔습니다. 그런데 지금 제가 당신을 뵈니 성인은 아니군요. 쥐구멍에 먹다 남은 쌀이 흩어져 있어도 아랑곳 않다니 어진 일은 아니지요. 날것과 익힌 것들이 너절하게 쌓여 있군요."

그러나 노자는 아무 대꾸도 없이 모른 척했다.

다음 날, 사성기가 노자를 만나 말했다.

"어제는 당신을 헐뜯었지만[昔者吾有刺於子] 이제는 그 잘못을 깨우쳤습니다[今吾心正卻矣]. 어째서일까요[何故也]?"

이에 노자가 말했다.

"뛰어난 지혜를 지녔고 참으로 훌륭하다는 성인[夫巧知神聖之人]에게 나 자신은 연연하지 않지요[吾自以爲脫焉]. 어제 당신이 나를 소라고 불렀으면[昔者子呼我牛也] 나는 소라고 생각했을 것이고[而謂之牛] 나를 말이라고 불렀으면[呼我馬也] 말이라고 생각했을 거요[而謂之馬]. 정말로 사실이어서 사람에게 그런 이름이 붙었는데도 받아들이지 않는다면 그로 인해 화를 입게 되지요. 내 행동은[吾服也] 항상 한결같소[恒服]. 나는 행동을 위한 행동을 하지 않아요[吾非以服有服].

사성기가 노자의 그림자를 밟지 않으려고 한 발 물러나 몸을 어떻게 닦아야 하는지를 묻자 노자가 말했다.

"당신의 얼굴은 엄하고[而容崖然] 눈빛은 쏘아보고[而目衝然] 입은 으르렁거리고[而口闞然] 모습은 오만하여[而狀義然] 말을 묶어 놓고 꼼짝 못하게 하는 꼴이요[繫馬而止也]. 움직이고 싶지만 참고 있다가[動而持] 움직였다 하면 빠르고[發也機] 살핀다 하면 꼼꼼하고[察而審] 지식을 교묘하게 해 거드름을 피우지요[知巧而覩於泰]. 무릇 그래서는 진실할 수 없지요[凡以爲不信]."

노자에게 호되게 혼나는 사성기를 보라. 마치 장자가 노자를 등장시켜 우리를 질타하는 것만 같아 머리를 들 수 없다. 우리는 이미 겸손하기를 버린 지 오래다. 오히려 겸손하면 상대방이 얕본다면서 일부러 위엄을 부리는 허세를 당연한 것으로 여기고 있다. 그리고는 상대방을 제압해야지 약해 보이면 상대에게 지고 만다며 위세를 떤다. 이 얼마나 풍선 같은 짓인가.

오복야항복(吾服也恒服). 여기서 복(服)은 행(行)으로 통하니, 행동거지를 일컫는다. 내 행동[吾服]은 변덕스럽지 않고 한결같다[恒服]는 노자의 발언은 우리를 꼼짝 못하게 한다. 우리는 얼굴로는 웃으면서도 속으로는 찡그리고 욕질하는 짓거리를 마다하지 않는다. 그래서 늘 죽 끓듯이 변덕을 부린다.

오죽하면 열 길 물 속은 알아도 한 길 사람 속은 모른다고 했겠는가. 사성기는 속이 엉큼하고 노자는 속이 투명하다. 그러니 노자가 우리를 절(竊)의 무리라고 비난한들 할 말이 없다. 훔치고 숨기는 짓거리[竊]를 일삼는 무리는 항상 뻔뻔스럽다.

천운
天運

[요점]　　　　　　이 편 역시 첫머리를 따서 편명을 삼고 있다.
앞 편과 마찬가지로 무위자연(無爲自然)을 말하고 유가의 인의예락
(仁義禮樂)을 꼬집는다. 특히 낙(樂)을 통해 유가를 비판하고 무위자
연의 도를 말한다. 무위(無爲)를 소중하다 하고 유위(有爲)를 천하다
한다. 도덕(道德)을 소중하다 하고 인의(仁義)를 천하다 한다. 이렇다
보니 이 편에서는 공자가 우화 속의 중심 인물로 자주 등장한다. 도
가에서 말하는 낙(樂)이 어떠한지를 터득하려고 한다면 이 편만큼
낳은 것이 없다는 생각이 든다. 그래서 이 편은 우리가 잊어버린 낙
(樂)의 정신을 살펴볼 수 있게 해 준다. 특히 황제(黃帝)가 무슨 이유
로 동정지야(洞庭之野)에서 함지지락(咸池之樂)을 연주하는지 살펴
둘 일이다.

1. 황제(黃帝) · 북문성(北門成)

황제(黃帝)는 하늘[天]을 대신하여 세상의 모든 것을 다스린
다. 만물이 모두 황제의 신하다. 그러므로 북문성(北門成)을
만물을 대신하는 황제의 신하라고 여겨도 무방하다. 북문성
의 북문(北門)은 성씨이고 성(成)은 이름이다. 북문성이 함지
(咸池)의 낙(樂)을 터득해 가는 과정을 살펴보면 왜 천락(天樂)
이 만물을 하나[一]이게 하는지 엿볼 수 있다. 비록 길긴 하지
만 참고 들어 두면 마음을 치료하기 위해 정신 병원을 찾지는
않아도 될 것이다.

북문성이 황제께 물었다.
"황제께서는 동정(洞庭)의 벌에서 함지(咸池)의 낙(樂)을 베
푸셨는데[帝張咸池之樂於洞庭之野] 처음 듣고서는 두려웠고[吾
始聞之懼] 다시 들었을 때는 처음의 두려움이 사라졌고[復聞之
怠] 마지막에 들었을 때는 어리둥절해지고 말았습니다[卒聞之
而惑]. 흐리멍덩해지고 말문이 막혀[蕩蕩默默] 어찌할 바를 몰
랐습니다[乃不自得].
황제가 말했다.

"자네는 그랬을 거야. 나는 인간이 하는 대로 그 낙(樂)을 연주하다 하늘이 하는 대로 연주했어[吾奏之以人徵之以天]. 그리고 알맞은 절도로 그 낙을 행했고[行之而禮義] 대도(大道)로 그 낙을 세웠어[建之以太淸]. 네 계절이 번갈아 이어지고[四時迭起] 만물이 철따라 생기듯이[萬物循生] 때로는 높고 때로는 낮고[一盛一衰] 부드러운 소리와 굳센 소리가 잘 어울려[文武倫經] 때로는 맑고 때로는 탁하게[一淸一濁] 음의 소리와 양의 소리가 서로 어울렸지[陰陽調和]. 멀리 퍼져 나가는 빛이 그 소리야[流光其聲]. 겨울잠을 자던 목숨들이 기지개를 켜면[蟄蟲始作] 나는 천둥소리로 그것들을 정신들게 하지[吾驚之以電霆]. 그러나 그 끝에는 꼬리가 없고[其卒無尾] 그 시작에는 머리가 없어[其始無首] 한 번은 죽었다가 한 번은 되살아나고[一死一生] 넘어지는가 하면 일어나고[一僨一起] 대하는 것이 늘 변하니[所常无窮] 하나도 예측할 수 없다네[而一不可待]. 자네는 그래서 두려웠던 거야[女故懼也]."

　북문성을 인간을 대표하는 인물로 보고, 황제를 자연의 심부름꾼으로 상상하면 낙(樂)이 자연과 목숨이 하나로 어울리는 즐거움이라는 것을 터득할 수 있다. 자연이 어미라면 온갖 목숨들은 새끼다. 황제는 지금 북문성에게 더할 바 없는 낙은 새끼가 안긴 어미의 품안과 같은 것임을 깨우치게 하고 있다. 왜 노자가 도(道)를 현빈(玄牝)이라고 했는지 헤아려 보게 한다. 현(玄)은 인간이 알래야 알 길이 없다는 뜻이고, 빈(牝)은 암컷의 말[馬]이라는 뜻이다.

황제가 북문성에게 말해 주는 성쇠(盛衰)·문무(文武)·사생(死生)·청탁(淸濁)·음양(陰陽)은 모두 낙의 예의(禮義)를 말한다. 여기서 예(禮)란 절도(節度)를 말하고 의(義)는 알맞음[庸]으로 통한다. 성(盛)·무(武)·생(生)·청(淸)·양(陽)은 높고 굳센 소리를 뜻하고 쇠(衰)·문(文)·사(死)·탁(濁)·음(陰)은 낮고 부드러운 소리로 통한다. 높고 굳센 소리와 낮고 부드러운 소리가 저마다 알맞게 절도를 잘 지켜 서로 어울리는 것이 낙의 예의라는 말이다. 그렇다면 낙(樂)을 어떻게 여기면 좋을까? 목숨을 즐기는 것이 곧 낙 아니겠는가? 그래서 열지(說之)하라 하는 것이리라. 소중한 삶을 괴롭히지 말고 즐거움을 누리게 하라[說之].

우리는 서양의 음악(music)을 알면서 그것이 오로지 인간의 것인 줄로만 알고 있다. 그러나 본래는 낙을 하늘에서 나와 인간 세상에 머물러 있는 것이라고 여겼다. 바람 소리, 물 소리, 새 소리, 벌레 소리, 짐승의 울음소리를 모두 하늘과 목숨 사이의 낙이라고 생각했다. 사람만 즐거움을 누린다고 생각하지 말라는 것이다. 그러나 사람에게만 낙이 있다고 여긴 북문성이었으니 당연히 황제가 연주한 함지(咸池)의 낙(樂)을 알 길이 없었을 것이다. 황제는 그런 북문성에게 만물이 두루 낙을 누린다는 것을 깨우쳐 주고 있는 중이다. 북문성은 미처 그런 줄 몰랐던 것이다. 인간은 무엇을 모르면 한사코 두려워한다[懼]. 황제는 북문성의 구(懼)를 벗겨 주기 위해 계속해서 이야기한다.

"나는 또 음양의 어울림으로 함지의 낙을 연주한다네[吾又奏之以陰陽之和]. 일월의 밝음으로 그 낙을 밝히기도 한다네[燭之以日月之明]. 그 낙의 소리는 짧을 수도 있고 길 수도 있다네[其聲能短能長]. 부드러울 수도 있고 굳셀 수도 있다네[能柔能剛]. 그래서 변화해도 통일을 이루지[變化齊一] 무엇 하나 고집하지 않는다네[不主故常]. 빈 곳이 있으면 그곳을 채우고[在谷滿谷] 빈 구덩이가 있으면 그 구덩이를 채우고[在阬滿阬] 마음의 틈새를 지워 정신을 지키고[塗郤守神] 사물에 따라 양을 맞추지[以物爲量]. 그 소리는 너그러움을 휘날려[其聲揮綽] 그 명성이 드높고 밝다네[其名高明]. 이러하므로 귀신도 제 자리를 지키고[是故鬼神守其幽] 해와 달과 별도 제 길을 따라 운행한다네[日月星辰行其紀]. 나는 그침이 있는 경지에 그 낙을 멈추었다가[吾止之於有窮] 그침이 없는 경지로 흘려 보낸다네[流之於无止]. 자네는 그 낙을 곰곰이 생각해 보려 해도 알 수가 없고[子欲慮之而不能知也] 바라보고 싶어도 볼 수가 없고[望之而不能見也] 쫓아가려 해도 미칠 수가 없다네[逐之而不能及也]. 대도의 가운데 멍청히 서 있거나[儻然立於四虛之道] 책상에 기대어

신음할 거야[倚於槁梧而吟]. 눈은 보고 싶은 것 탓에 막히고[目知窮乎所欲見] 힘은 이루고 싶은 것 탓에 꺾이고 만다네[力屈乎所欲逐]. 나로서는 이미 미치지 못한다네[吾旣不及已夫]. 이내 몸은 허공에 가득해져[形充滿虛] 이윽고 위이한다네[乃至委蛇]. 자네도 마음이 부드러워지고 너그러워지고 편안해진 거야[女委蛇]. 그래서 두려움이 사라진 거야[故怠]."

두려움[懼]을 그친다 함이 곧 태(怠)다. 억척같던 마음쓰기가 느긋해진 것도 태(怠)요, 굳센 마음쓰기가 부드러워진 것도 태(怠)요, 강한 마음쓰기가 약해진 것도 태(怠)다. 억척같은 마음쓰기가 마음을 두렵게 하고 굳센 마음쓰기가 마음을 두렵게 하고 강한 마음쓰기가 마음을 두렵게 한다. 부드러운 마음이 무엇을 두려워하겠는가? 느긋한 마음이 무엇을 두려워하겠는가? 약한 마음이 무엇을 두려워하겠는가? 부드럽고 너그럽고 느긋하고 약한 마음가짐에는 두려워할 것[懼]이 없다.

결국 위이(委蛇)란 사심(蛇心)의 반대말인 셈이다. 간사하고 샘이 많은 마음가짐인 사심(蛇心)을 버리고 너그럽고 든든한 마음가짐으로 돌아가면 위이(委蛇)인 까닭이다. 뱀 사(蛇), 이무기 타(蛇), 든든할 이(蛇). 이처럼 '蛇'라는 한자는 발음이 세 갈래다. 위이란 마음가짐이 든든한 모양을 말한다. 든든한 마음가짐을 자득(自得)이라고 한다. 터득했다는 말이다. 그러면 두려움이 그친다.

이 우화는 북문성이 두려움을 그치게 된 연유를 황제를 통해 밝혀 주고 있다. 함지(咸池)의 낙(樂)을 자연에 따라 연주함으로써 두려움이 그쳐 버린 것이다. 황제는 자연을 따라 노래하는 즐거움을 형충공허(形充空虛)라고 밝힌다. 드러날 형(形)은 황제의 몸을 말하고 공허(空虛)는 자연을 말한다. 황제의 몸이 자연에 가득 찼다[形充空虛] 함은 황제와 만물 사이에 아무런 구별과 차별이 없다는 말이다. 이제 북문성은 사세(蛇蛻)한 셈이다. 황제의 낙(樂)인 함지(咸池) 덕에 뱀이 허물을 벗듯이 [蛇蛻] 북문성도 두려움이라는 허물을 벗어버린 셈이다. 황제는 두려움을 벗어난 든든한 북문성의 모습을 위이(委蛇)라 일컬으며, 그 든든한 모습을 태(怠)라고 밝혀 준다. 두려움을 그쳤음이 태(怠)다. 그러나 그러한 그침이 더할 바 없는 낙(樂)일 수는 없다. 황홀한 지락(至樂)을 황제가 다시 언급한다.

"나는 그침이 없는 소리로 또다시 연주한다네[吾又奏之以无怠之聲]. 그런 소리를 자연의 가락이라고 하지[謂之以自然之命]. 그래서 만물이 얽혀 서로 함께 생겨나듯이[故若混逐叢生] 성대한 합주가 벌어지지만 모습이 드러나지 않고[林樂而無形] 저 멀리 퍼져 나가지만 끌어들일 수 없고[布揮而不曳] 깊숙하고 어두워 소리가 없고[幽昏而无聲] 온 사방으로 퍼져 나가[動於无方] 깊숙한 근원에 머문다네[居於窈冥]. 이를 두고 때론 죽었다 하고[或謂之死] 때론 살았다 하며[或謂之生] 때론 찼다 하고[或謂之實] 때론 비었다 한다네[或謂之榮]. 오만 데로 흩어지고 퍼져[行流散徙] 어느 한 소리만을 고집하지 않는다네[不主常聲]. 세상 사람들은 이를 의심해[世疑之] 성인을 찾아가 물어본다네[稽於聖人]. 성이란 말이야[聖也者], 대도의 참모습을 깨우쳐[達於情] 대도의 가락을 쫓는 것이라네[逐於命也]. 자연의 작용이 드러나지 않아도[天機不張] 모든 감각이 모두 잘 갖춰져[五官皆備] 말로 하지 않아도 마음이 즐거워[无言而心說]. 이를 일러 천락이라 한다네[此之謂天樂]. …… 자네가 그 낙을 귀로 듣고 싶어하지만 그것을 접할 수가 없지[女欲聽之而无接焉]. 그래서 어리둥절해진 거지[故惑也].

낙이란 말이야[樂也者], 두려움에서 시작한다네[始於懼]. 두려워하므로 귀신에게 홀린 듯하다네[懼故祟]. 나는 다시 두려움을 그치게 하는 것으로 낙을 연주하지[吾又次之以怠]. 두려움을 그치게 하니 두려움이란 게 사라진다네[怠故遁]. 마지막으로 어리둥절하게 하는 것으로 연주한다네[卒之於惑]. 어리둥절하게 하니 어리석어지고[惑故愚] 어리석어지니 도가 된다네[愚故道]. 도가 나를 실어 주고 도와 더불어 나는 하나가 된다네[道可載而與之俱也]."

낙(樂)이란 무엇인가? 도와 나를 하나 되게 하는 것이다. 그런데 낙(樂)은 시어구(始於懼)라고 한다. 왜 낙이 두려움에서 시작한다[始於懼]는 말인가? 만물과 사람은 서로 다르다는 생각 탓이다. 시비(是非), 차별(差別), 분별(分別), 귀천(貴賤), 길흉(吉凶), 화복(禍福) 등이 모두 인간을 두렵게 한다. 그러나 자연에는 그런 것들이 없다. 그런데도 인간들은 그것을 버리지 못해 구고수(懼故祟)한다. 두려움을 없애 달라고 귀신에게 비는 마음이 곧 수(祟)다. 귀신에게 빌어 복을 구하려는 마음은 결국 두려워하는 마음이다.

자연으로 돌아간다면 두려움을 그칠 수 있다. 이를 황제가 북문성에게 알려 주고 있다. 그 가르침이 곧 태고둔(怠故遁)이다. 시비의 분별을 떠나 자연으로 돌아가면 두려움이 그치고[怠] 마음속의 두려운 것들이 사라진다[遁]는 것이다. 버리고 바랄 것이 없는데 귀신에게 손 비빌 일이 뭐 있겠냐는 말이다. 살풀이나 씻김굿의 산조 따위는 구고수(懼故祟)에 불과하다. 인간의 짓거리를 버리는 순간 마음은 바로 편해진다.

자연으로 돌아가 자연과 하나 되게 하는 함지의 낙은 무태(无怠)의 소리요, 자연의 가락[命]이다. 바람 소리, 물 소리, 새 소리, 벌레 소리, 개 짖는 소리는 모두 천락(天樂)이다. 그래서 천락을 즐기는 것을 일러 성(聖)이라 한다. 그러니 성인(聖人)이란 누구인가? 달어정(達於情)하고 축어명(逐於命)을 누리는 자연인(自然人)이다. 성인은 천지 만물의 참모습[情]에 통달하고[達於情] 자연의 가락을 쫓는다[逐於命]. 혹고우(惑故愚). 이는 성인의 마음가짐이요, 마음 씀씀이다. 왜 혹(惑)인가? 분별을 떠났으니 어리벙벙해 보이기 때문이다. 왜 우(愚)인가? 어리 벙벙하니[惑] 어리석어 보이기[愚] 때문이다. 수수하고 어수룩해 속셈이라곤 없는 마음을 혹고우(惑故愚)라고 해도 된다. 잘난 체하지 말라. 많이 안다고 오만하지 말라. 겸손하고 수수하라. 검소하고 순박하라. 그러면 천락을 누릴 수 있고, 우리가 왜 천락을 잊어버리고 말았는지 알 수 있다. 그래서 우리는 날마다 두려움에 떨면서 산다. 돈이나 권세만 쥐고 있으면 편할 것 같은가? 오히려 마음고생이 더함을 알 터이다. 그래도 돈벼락 맞기를 바란다면 할 수 없는 일이다.

2. 공자(孔子) · 노담(老聃)

노담(老聃)은 노자(老子)를 말한다. 여기서는 노자와 공자를 우화 속의 인물로 등장시켜 인의를 난도질한다. 공자가 말을 꺼냈다가 호되게 면박당하는 장면을 그려서 인의를 질타한다. 그러나 이것은 어디까지나 우화이니 유가가 논쟁을 붙여 시비를 걸 수도 없는 형편이다. 공자는 노자를 만난 뒤로 사흘 동안이나 입을 열지 않았다고 한다. 이에 제자가 그 연유를 묻자, 공자는 노자에게서 용(龍)을 보았고, 그 용의 비상 앞에 입을 다물 수가 없었노라고 실토한다. 유가가 이 장면을 본다면 분통이 터질 일이다.

공자가 노자를 만나 인의에 관해서 말을 건네자 노자가 대답한다.

"겨를 날려 눈을 뜨지 못하게 하면 천지 사방을 분간할 수 없게 되지요. 모기나 등에가 물면 밤새도록 잠을 이루지 못하지요. 저 인의(仁義)라는 것이 우리 마음을 심히 어지럽히는 것인데, 그보다 더한 것은 없을 것이오. 당신도 세상이 소박함을 잃지 않도록 해 주시오[吾子使天下无失其朴]. 당신도 바람처럼 걸림 없이 움직이고[吾子亦放風而動] 덕을 쫓아 사시오[摠德而立矣]. 어쩌자고 큰북을 치며 도망쳐 없어진 자를 찾는 짓거리를 한단 말이오[奚傑然若負健鼓而求亡者邪]. 무릇 두루미는 날마다 목욕을 하지 않아도 희고[夫鵠不日浴而白] 까마귀는 날마다 검정 칠을 하지 않아도 검다오[烏不日黔而黑]. 흑백의 본바탕인데[黑白之朴] 따져 분별할 게 못되오[不足以爲辯]. 명예란 볼거리인데[名譽之觀] 드러내 떠들 것이 못되오[不足以爲廣]. 물이 말라[泉涸] 물고기가 뭍에서[魚相與處於陸] 서로 습기를 뿜어[相呴以濕] 서로를 버금으로 적셔 준다 한들[相濡以沫] 강이나 호수에서 물을 잊고 살던 것만 못하다오[不若相忘於江湖]."

공자는 노자를 만나고 온 뒤로 사흘 동안이나 말을 하지 않았다. 한 제자가 그 까닭을 묻자 공자가 말했다.

"내 이번에 말이야, 거기서 용을 보았네[吾乃今於是乎見龍].

그 용이 말이야, 합치면 몸을 이루고[龍合而成體] 흩어지면 무늬를 이루며[散而成章] 구름의 기운을 타고[乘乎雲氣] 음양에서 힘을 얻는 거야[養乎陰陽]. 내 입은 딱 벌어져 다물 수 없었고[口張而不能嗋] 혓바닥은 들린 채로 말을 놀릴 수 없었네[舌擧而不能訒]. 그런데 내 어찌 노담을 두고 이러고 저러고 한단 말인가[予又何規老聃哉]."

공자는 노자에게 인의를 설파하려고 갔다가 혼이 난 셈이다. 인의를 겨에 비유하고 모기나 등에와 같다는 노자의 질타는 너무하리만큼 심하다. 눈에 겨가 들어가면 눈을 제대로 뜰 수 없으니 얼마나 불편하겠는가 말이다. 밤잠을 자지 못하게 하는 모기나 등에는 얼마나 성가신가. 인의라는 것이 그렇다는 것이다. 그러니 있는 그대로 그냥 내버려두라. 이를 일러 박(朴)이라 한다. 사람이 욕심내 다듬어진 것을 기(器)라고 한다. 기(器)란 등걸을 파서 만든 그릇이라는 말이다. 편하기 위해 만들어 낸 것[器]이 오히려 인간을 못살게 한다는 것이다. 박(朴)은 자연을 뜻하고 기(器)는 문명 또는 문화를 말한다. 노자는 인의가 문화의 짓거리에 불과하다고 질타한다.

용(龍)이란 자연의 조화(造化)를 일컫는 비유다. 즉 무위(無爲)의 이미지다. 무위란 걸림이 없음이다. 방풍(放風) 또한 그런 모습을 표현한다. 노자는 공자에게 바람이 불듯 살라고 경고한다. 총덕(摠德)하라. 순덕(順德)하라. 순덕(循德)하라. 이는 모두 같은 말이다. 모두 자연을 따라 살라[淳朴] 함이다. 인의 따위로 사람을 얽어맬 생각을 하지 말라. 인의라는 큰북을 메고 둥둥 치면서 세상을 소란스럽게 하지 말라 함이다.

까마귀가 검다고 흉보지 말라. 두루미가 희다고 칭찬할 것 없다. 본래 까마귀는 검은 것이 본성이고 두루미는 흰 것이 본성이다. 그러니 흑백을 놓고 시비를 걸지 말라. 이처럼 인의란 시비를 거는 짓거리에 불과하다. 그런 시비거리로 구속받지 말라. 물이 말라 거품을 품어 주는 것과 같은 인의 따위로 세상을 구한다고 하지 말라. 노자는 물고기가 질펀한 강이나 호수에서 자연스럽게 살듯이 사람이 사는 세상을 그대로 내버려두라고 공자를 질타한다. 이 우화는 그런 노자를 공자가 용(龍)으로 비유하게 하여 걸림 없는 삶을 누리라 한다.

각의
刻意

[요점]　　　　　　이 편 역시 첫머리를 따서 편명을 삼았다. 짧지만 정신을 소중히 하라[養神]는 뜻을 일관되게 주장하고 있으나 이 편에는 우화라 할 만한 것이 없다. 그저 정신(精神)을 보양(保養)하라는 양신(養神)의 뜻이 강하게 부각되고 있다. 그래서 진인(眞人)이 인물로 등장한다. 물질만 믿고 정신을 버린 지금 세상에서는 어쩌면 동떨어진 이야기로 들릴는지도 모른다. 그러나 정신을 잃거나 잊고선 제대로 살 수 없다. 의식을 잃고 병상에 누워 있는 자를 식물인간이라고 한다. 그러나 의식이 멀쩡하면서도 정신을 내놓은 사람 역시 식물인간과 다를 바가 없다. 몸만 건강하고 마음이 썩었다면 살아도 산 것이 아니라고 한다면 많은 사람들이 화를 낼 것이다. 그러나 여기서는 수신(守神)하라 한다. 우리는 몸을 잘 간수하기 위해서는 온갖 짓거리를 다하면서도 마음을 건강하게 하는 일[保養]에는 게으르다. 그러기에 이 편은 참으로 마음의 보약인 셈이다. 진인(眞人)은

누구인가? 여기서는 이에 대한 해답을 체험하게 한다. 하루 일을 마치고 잠자리에 누워 잠들기 전에 진인을 떠올려 보라. 그보다 더 낳은 정신 건강의 길은 없을 것이다.

[각의의 인물들]

1. 진인(眞人)

'아는 것이 많을수록 정신이 혹사당한다.' 이 말에 동의할 사람은 이제 거의 없을 것이다. 대신 '의식함으로써 깨어 있다.' 이렇게 말하면 누구나 동의하는 세상이다. 그래서 누구나 똑똑해지려고 발버둥치면서도 어리석어질 생각은 하는 사람은 없다. 그래서 이러한 말은 귀에 잘 들리지 않는다.

"순수하여 잡것이 없고[純粹而不雜] 줄곧 고요하여 변덕스럽지 않고[靜一而不變] 담담하여 아무런 수작이 없으면서도[淡而无爲] 행동했다 하면 하늘이 하는 대로 한다[動而以天行]. 이것을 정신 기르기의 도라고 한다[此養神之道也]."

이런 길을 잘 걸으면 정신 건강이 저절로 몸의 건강을 따라온다. 그러니 몸과 마음을[心身] 둘로 볼 것이 아니다.

무릇 오(吳) 나라나 월(越) 나라의 명검(名劍)을 간직한 자는 그것을 상자 속에 넣어 두고 잘 간수할 뿐 함부로 들어내 쓰지 않는다. 이렇게 하는 것이 보물을 간수하는 지극한 방법이다. 정신은 온 사방으로 트여 흘러서[精神四達並流] 이르지 않는 곳이란 없다[无所不極]. 위로는 하늘에 이르고[上際於天] 아래로는 땅에 서려[下蟠於地] 만물을 키우고 길러도[化育萬物] 그 모습을 짓지 않는다[不可爲象]. 이를 일러 동제[同帝]라 한다[其名爲同帝]. 순소(純素)의 길은[純素之道] 오로지 이 정신을 지키는 것이다[唯神是守]. 정신을 지켜 잃지 않는다면[守而勿失] 정신과 하나가 되고[與神爲一] 하나가 된 정신은 통하여 자연의 이치와 합친다[一之精通合于天倫]. 속담에 이르기를[野語有之曰] 대중은 이(利)를 소중히 하고[衆人重利] 청렴한 선비는 이름을 소중히 하며[廉士重名] 현자는 뜻을 숭상하고[賢士尙志] 성인은 정신을 귀하게 한다[聖人貴精]. 그러니 소박이라는 것은[故素也者] 잡스러운 것이 하나도 없다 함이고[謂其無所與雜也] 순수라는 것은[純也者] 정신을 상하게 하지 않음을 뜻한다[謂其不虧其神也]. 이런 순소(純素)를 깨칠 수 있는 이를 진인이라 한다[能體純素謂之眞人].

노자는 갓난아이[嬰兒]를 들어 자연이라고 불렀다. 그래서 노자는 영아(嬰兒)처럼 살라 했다. 갓난아이야말로 진인(眞人)이라는 말이다. 영아의 마음에 무슨 잡념(雜念)이 있겠는가.

그야말로 꾸밈도 없고 더러울 것도 없다. 하나의 꾸밈도 없음이 소(素)요, 하나의 잡것도 없음이 순(純)이다. 그냥 그대로인 것을 소박(素樸)이라 하고, 사람이 꾸민 것을 기물(器物)이라 한다. 소박(素樸)이 곧 순(純)이다. 순(純)은 자연의 모습이다. 이러한 순소(純素)란 결국 인간의 자연을 뜻한다. 맑고 깨끗한 그냥 그대로의 마음을 인간의 자연이라고 보면 된다.

이 우화는 정신(精神)은 사람의 것이 아니라 자연의 것이라고 밝히고 있다. 무엇을 의식하는 마음은 정신이 아니다. 정신은 생(生)과 사(死)를 잇게 하는 목숨의 기운(氣運)이라는 말이다. 몸을 위해서만 밥을 먹는다고 생각하지 말라. 밥도 정신이요, 물도 정신이요, 바람도 정신이다. 도(道)가 정신을 빌려준 것이라고 여기라는 것이다. 그러니 인간 정신이란 결국 도가 인간에게 빌려준 기운이다. 토끼 정신, 붕어 정신, 참새 정신, 지렁이 정신 이렇게 말하면 비웃을 사람들이 많을 것이다. 동제(同帝)를 망각해 버린 탓에 우리는 두루미 정신이라고 하면 웃기는 소리라고 일축한다. 나와 조물주만 같은 것이 아니라 개미도 조물주와 같다는 생각이 곧 동제(同帝)다. 이러한 동제를 순소(純素)라고 불러도 된다. 속셈을 하는가? 그렇다면 염(念)이다. 이런 생각, 저런 생각이 염(念)이니 복잡(複雜)하게 마련이다. 그래서 잡념은 마음을 시달리게 한다. 마음이 시달리면 정신이 이지러진다. 정신을 상하게 하지 말

라. 그것이 순(純)이다. 그러면 순소(純素)의 삶을 사는 이를 진인(眞人)이라 부르는 까닭을 짐작할 수 있으리라. 참다운 인간이 되라. 이것이 언제나 문제다.

선 성
繕性

[요점]　　　　　이 편 역시 첫머리를 따서 편명을 삼았다. 〈각의〉처럼 논지가 분명하여 세속적인 배움[俗學]과 세속적인 생각[俗思]을 버리고 염담(恬淡)의 지(知)를 길러 가라고 일관되게 주장한다. '보신(保身)의 길을 벗어나지 말라. 본성(本性)으로 돌아가라.' 이를 선성(繕性)이라고 한다. 성(性)을 잘 다스려라[繕]. 성(性)이란 자연의 정신을 말한다. 자연의 정신을 본성(本性)이라 한다. 본성을 벗어나 살지 말라 함이 곧 선성(繕性)이다. 도가에서는 정(情)이 천지의 참모습을 뜻하지만 유가에서는 인간의 욕심으로 이해되고, 불가에서는 속세의 인연을 뜻한다. 그래서 도가는 정(情)으로 돌아가라 하고 유가는 정을 물리치라 하고 불가는 정을 떠나라 한다. 자연으로 돌아가려면 무엇보다 염담(恬淡)하라. 염담은 곧 순소(純素)에 머물러 살라 함이고 자연으로 돌아가라 함이다. 물론 도시를 떠나 산속으로 들어가 살라는 것은 아니다. 시장 가운데서도 자연으로 돌아

가 살 수 있는 일이다. 이익을 많이 남기기 위해 사람을 속이는 상인
이 있다면 그는 세속에 얽매여 사는 것이고, 작은 이익을 남기고도
만족하는 상인이라면 그래도 자연으로 돌아가 사는 편에 속한다. 물
론 이는 쉬운 일이 아니다. 그래서 선성(繕性)은 참으로 어렵다. 선
성하라. 그러면 마음이 하염없이 편해진다.

[선성의 인물들]

1. 수인(燧人) · 복희(伏戱)

맨 처음 자연을 거스른 짓을 한 사람을 말할 때 대개 수인
(燧人)과 복희(伏戱)를 든다. 물론 둘 다 전설적인 제왕의 이름
이다. 일반적으로 도(道)가 만물 저마다에게 맡겨 둔 것이라
는 뜻으로 본성(本性)이란 말을 쓴다. 본성을 줄여서 성(性)이
라고 하는 경우도 많다. 도가에서는 그 본성에 따라 사는 것
을 무위(無爲)라 하고 반대로 그 본성을 어기고 사는 것을 인
위(人爲)라 한다. 여기서는 그 인위의 시초를 열었던 두 인물
을 등장시키고 있다.

태초의 사람들은 혼망(混芒) 속에서 살았고[古之人在混芒之
中] 온 세상과 더불어 담막(澹漠)함을 터득했다[與一世而得澹漠

焉]. 그때는[當是時也] 음양이 서로 어울려 조용했고[陰陽和靜] 귀신은 티를 내지 않았으며[鬼神不擾] 계절이 순조로웠고[四時 得節] 만물은 상처를 입지 않았으며[萬物不傷] 모든 목숨은 제 명대로 살았다[群生不夭]. 인간에게는 비록 지혜가 있었지만 [人雖有知] 그것을 쓸데가 없었다[无所用之]. 이를 지극한 하나 라고 한다[此之謂至一]. 그때는[當是時也] 해 보겠다는 것이 없 어서 항상 그냥 그대로였다[莫之爲而常自然]. 그런데 덕이 쇠 하게 되자[逮德下衰] 급기야 수인이며 복희가 세상을 다스리게 되었다[及燧人伏戱始爲天下]. 그 까닭에 사람들은 순종하되 하 나가 되질 못했다[是故順而不一]. 덕이 더욱 쇠하자[德又下衰] 신농이며 황제가 천하를 다스리게 되었다[及神農黃帝始爲天 下]. 그 까닭에 편하되 순종하지는 않았다[是故安而不順]. 덕이 더욱 쇠하자[德又下衰] 요(堯)와 순(舜)이 세상을 다스리게 되 었다[及唐虞始爲天下]. 다스리고 가르쳐 고친다는 세태와 더불 어[興治化之流] 순수함은 사라져 갔고 소박함은 조각나게 되었 다[澆淳散朴]. 도에서 떠나기를 좋아하고[離道以善] 덕을 짓밟 는 짓을 했다[險德以行]. 그 뒤로 본성을 버리고 제 마음을 따 랐고[然後去性而從於心] 마음과 마음이 엿보게 되어[心與心識知] 천하를 안정되게 할 수 없었다[而不足以定天下]. 그 뒤로 세상 에는 인간의 것이 붙게 되고[然後附之以文] 온갖 지식들이 더 해져[益之以博] 인간의 것이 자연의 것을 멸하게 하고[文滅質]

온갖 지식이 마음을 익사시켰다[博溺心]. 그 뒤로 사람들은 현혹되어 소란스러워졌다[然後民始惑亂]. 그리하여 사람은 본래의 참모습으로 되돌아가 그냥 그대로의 첫 모습을 다시는 갖출 수 없게 되었다[无以反其性情而復其初].

인간에게 최초로 불을 가져다 준 사람은 누구인가? 수인(燧人)이다. 부싯돌 수(燧), 사람 인(人). 돌을 쳐서 불을 만들어 쓰면서 사람은 자연을 떠나기 시작했다는 것이다. 인간에게 최초로 가축을 치게 한 사람은 누구인가? 복희(伏戲)다. 굴복할 복(伏), 놀 희. 사람이 들개[犬]를 잡아도 길을 들여 사람 맘대로 가지고 놀았다[戲]. 이렇게 자연의 것을 인간의 것으로 바꾸기 시작한 수인과 복희 때부터 자연의 온갖 것이 인간을 위한 기물(器物)로 둔갑하고 말았다. 이를 요순산박(澆淳散朴)이라 한다. 이는 곧 지일(至一)을 불일(不一)로 바꾸었다는 말이며 덕(德)이 쇠했다는 말이다. 지일은 차별이 없음이요, 불일은 차별이 생겼다는 말이다.

최초로 농사를 가르쳐 준 사람은 누구인가? 신농(神農)이다. 하늘[神], 농사 농. 즉 땅을 밭이나 논으로 만들어 초목의 열매와 씨를 심고 뿌려 사람의 뜻대로 길렀다[農]. 최초로 조직을 만들어 사람의 세상을 다스린 사람은 누구인가? 황제(黃帝)다. 땅[黃]의 우두머리가 되었다[帝]. 농사를 지어 배불리 먹고 형벌을 다스리니 세상이 안정돼 보이지만[安] 그 속에는 불만이 차기 시작했다[不順]. 치세(治世)가 곧 난세(亂世)로 이어지고 만다.

나라를 세워 백성을 조직적으로 다스린 최초의 임금은 누구인가? 요(堯)와 순(舜)이다. 요를 도당씨(陶唐氏)라고도 하고 순(舜)을 유우씨(有虞氏)라고도 하여 당우(唐虞)는 곧 요순(堯舜)을 뜻한다. 이들이 임금이 되어 세상을 다스리자 이도이선(離道以善)하고 험덕이행(險德以行)하게 되어 본성을 버리고 저마다 속셈을 차리기 시작했다. 그러면서 사람은 자연을 떠나 문화의 존재로 군림하면서 천지를 물질의 보물 창고로 여기기 시작했다. 그 이래로 사람들은 그 보물 창고 안에서 하룻강아지 범 무서운 줄도 모르고 제멋대로 살고 있다. 무엇이 두려운 줄 모르는데 무엇을 겁내겠는가? 장자는 문화라는 것이 벼랑인 줄 알았지만 우리는 모르고 살 뿐이다.

벼랑에서 떨어지고 싶지 않은가? 그러려면 혼망(混芒)하고 담막(澹漠)하라. 혼망과 담막은 도가가 요구하는 마음가짐이다. 분별하고 시비 걸기를 일삼는 날카로운 마음을 버리는 것이 혼망(混芒)이요, 하나의 속셈도 없이 맑고 투명해 조용하고 고요한 것이 담막(澹漠)이다. 이렇게 살아 보라. 그러면 세상이 아무리 혼란스러워도 풀꽃처럼 살 수 있다.

추수
秋水

[요점]　　　　　이 편 역시 첫머리를 따서 편명을 삼고 있다. 유명한 편으로, 우물 안 개구리라는 속담이 여기서 나왔을 성싶다. 여기서는 대지(大知)와 소지(小知)를 견주어 보게 하는 인물들이 등장한다. 대소(大小)와 귀천(貴賤)의 분별에 걸려들면 진실을 떠나게 되어 지극한 하나[至一]를 상실하고 만다. 그래서 이 편은 〈소요유〉와 〈제물론〉을 떠올리게 한다. 외편과 잡편 가운데 가장 유명한 편으로 꼽히기도 한다. 하백(河伯)이 북해약(北海若)을 만나 나누는 이야기는 정말로 우리를 부끄럽게 한다.

[추수의 인물들]

1. 하백(河伯) · 약(若)

가을에 홍수가 나 황하(黃河)가 범람하자 그 물길을 본 하백이 당당해한다. 하백은 황하를 관장하는 신으로, 황하보다 더 큰물은 없으리라 믿었다. 그런데 바다에 이르러 망망대해를 본 하백은 어쩔 줄 몰라 어리둥절해한다. 이에 더하여 바다의 신 약(若)을 만난 하백은 더욱 초라해지고 만다. 약은 대지(大知)를 나타내는 인물이요, 하백은 소지(小知)를 대신하는 인물이다. 우리는 모두 하백의 졸개이면서도 하백을 닮지 못하고 있다. 하백은 부끄러워하지만 우리는 그럴 줄 모른다. 그래서 우리는 천지를 얕보고 뻔뻔스럽게 산다.

가을에 홍수가 여러 번 나 온갖 강물이 황하로 흘러들었다. 물길은 도도해져 아무리 강변의 모래톱을 둘러보아도 소인지 말인지 분간할 수 없었다. 이에 하백은 몹시 기뻐하며 천하의 장엄함이 자신에게 있다고 자부했다. 황하의 물길은 동쪽으로 흘러 북해에 이르렀다. 그런데 하백이 동쪽을 바라보니 물의 끝이 어딘지 알 길이 없었다. 이에 하백은 머리를 돌려 끝없는 바다를 바라보다 북해의 신인 약(若)을 향해 탄식했다.

"속담에 이런 말이 있습니다. '도(道)를 많이 들어 많이 알면 나보다 나은 이가 없다[聞道百以爲莫己若者].' 마치 나를 두고 한 말 같습니다. 무릇 이전에 내가 공자의 지식은 작고 백이(伯夷)의 절의(節義)도 작다는 말을 들은 바 있지만 이제껏

믿지 않았습니다. 그런데 지금 당신의 무궁한 모습을 내 두 눈으로 보았답니다. 내가 만일 당신의 문전(門前)에 오지 않았더라면 위태로울 뻔했습니다. 뛰어난 도를 깨우친 이들에게 두고두고 비웃음을 샀을 터이니 말입니다."

이에 북해의 약(若)이 말했다.

"우물 안 개구리에게는 아무리 바다를 말해 주어도 소용이 없지요. 살고 있는 곳에 사로잡혀 있는 까닭이라오. 여름 벌레에게는 얼음을 말해 주어도 소용이 없지요. 살고 있는 철에 사로잡혀 있는 까닭이라오. 한 가지 재주밖에 없는 자에게 도를 말해 주어도 통하지 않는 것은 그가 배운 것에 사로잡혀 있는 까닭이지요. 지금 당신은 강 사이에서 나와 큰 바다를 보고 비로소 자신이 얼마나 초라한지를 알아차린 셈이오. 당신은 이제 크나큰 도[大道]에 대해서 말할 수 있게 되었어요. 천하의 물 중에 바다보다 더 큰 것은 없어요[天下之水莫大於海]. 온갖 냇물이 모두 바다로 흘러드는 것이 언제 그칠지 모른다 해도 바다는 넘쳐 나지 않아요. 바닷물이 새어나가는 것이 언제 그칠지 모르지만 말라 텅텅 비지도 않아요. 봄이든 가을이든 변함이 없지요. 홍수도 가뭄도 몰라요. 이는 양자강이나 황하의 수량에 견줄 바가 못되지요. 그렇다고 내가 바닷물은 많다고 한 적이 없어요. 천지에 몸을 맡기고 음양의 기운을 받는 게지요. 내가 천지 사이에 있지만 잔 돌멩이와 같고, 잔 나무가 큰산에 있는 것과 같지요. 이제 작다는 생각에 머물러 있는데[方存乎見少] 어찌 또 스스로 많다 하겠소[又奚以自多]. 사방의 바다도 천지 사이에 있다는 것을 헤아려 보면[計四海之在天地之間也] 큰 못 속에 있는 작은 구멍과 같지 않겠냐 말이요[不似礨空之在大澤乎]."

오만불손한 자들이 북해의 신인 약(若)을 만난다면 아마 고개를 들지 못할 것이다. 뭘 좀 안다고 해서 목에 힘을 주고 세상을 얕보는 자들은 하나만 알지 둘은 모른다. 하나만 안다는 말은 무슨 뜻인가? 자기가 알고 있는 것이 전부요, 제일이란 착각에 사로잡혀 있음이다. 이런 심술을 꽉 막힌 벽창호라 한다. 그러나 황하의 신 하백은 결코 벽창호가 아니다. 약(若)을 만나 자신이 얼마나 옹졸했는가를 깨닫고 부끄러워하며 뉘우쳤기 때문이다.

무엇에 사로잡히지 말라. 작은 것을 알면서 다 안다고 자만하지 말라. 모르는 것이 더없이 많다는 것을 잊지 말라. 그래야 우물 안 개구리에서 벗어날 수 있다. 견소(見少)하라, 즉 작은 것을 바로 보라[見少]. 무엇이 작은 것[少]이란 말인가? 바로 자기 자신을 말한다. 자신을 크게 보는 사람은 그 끝이 험하다. 그래서 노자는 소사(小私)하라 했다. 즉 자기를 작게 하라[小私]는 말이다. 이는 건방떨지 말고 겸허하라 함이다.

가을 홍수로 범람한 황하를 보고 자만했던 하백은 북해의 약을 만나 뉘우친 다음 새로 태어난다. 하백이 약에게 묻는다.

"그럼 나는 무엇을 할까요? 무엇을 하지 말아야 할까요? 버리고 취하기를 어찌해야 하고 나아가고 물러가기를 어찌해야 할까요?"

약이 대답한다.

"도로써 본다면[以道觀之] 그 무엇도 귀하거나 천한 것은 없어요[何貴何賤]. 모든 것을 하나로 보는 것을 일러 반연(反衍)이라 하오[是謂反衍]. 마음가는 바를 구속하지 마시오[无拘而志]. 그렇지 않으면 도와 더불어 크게 고생하오[與道大蹇]. 적거나 많다는 것이란 없어요[何少何多]. 모든 것은 같다는 것을 일러 사이[謝施]라 하오[是謂謝施]. 행동을 고집하지 마시오[无一而行]. 그러면 도와 어긋나지요[與道參差]."

약의 말을 귀담아 들어 둘수록 험한 꼴을 당하지 않으리라. '반연(反衍)하라, 사이(謝施)하라, 그리고 참차(參差)하지 말라.'

2. 원추(鵷鶵)·치(鴟)

혜자와 장자는 벗 사이로 알려져 있다. 혜자는 명가(名家)로 이름난 혜시(惠施)를 말한다. 양 나라의 재상을 지내고 말을 잘해 세상의 주목을 끌었던 무리의 우두머리 격인 혜자가 장자 앞에서 썩은 쥐를 물고 있는 올빼미[鵰]가 되고 만다는 이 우화를 허다한 정객(政客)들이 어떻게 들을지 궁금하다.

혜자가 양 나라의 재상으로 있을 때 장자가 그를 찾아가 만나려 했다. 그런데 어떤 자가 혜자에게 와서 이렇게 입질을 했다.

"장자가 당신 대신 재상이 되고 싶어한답니다."

이 말을 들은 혜자는 그만 두려워져 삼일 밤낮 동안 온 나라를 뒤져 장자를 찾게 했다. 이 사실을 안 장자가 혜자를 찾아가 면박을 주며 말했다.

"남방에 새 한 마리가 있는데 그 새의 이름이 원추(鵷鶵)라 하오. 당신은 그 새를 아는지요. 대체로 원추라는 새는 남쪽의 바다에서 출발해 북쪽의 바다로 날아가지만 오동나무가 아니면 앉지를 않고 멀구슬나무 열매가 아니면 먹지를 않으며 감로수(甘露水)가 아니면 마시질 않아요. 그런데 여기 올빼미 한 마리가 썩은 쥐 한 마리를 물고 있다가 원추가 지나가니까 입에 물고 있는 썩은 쥐를 빼앗길까 봐 위를 쳐다보고선 꽥 하고 소리를 질렀다 하오. 지금 당신도 당신의 재상 자리를 잃을까 봐 나에게 꽥꽥 하는 것이오?"

벼슬자리란 썩은 고깃덩이와 같다고 했던가. 언젠가 장자는 그 덩이를 보면 개들이 서로 물고 늘어져 시끄럽다고 푸념한 적이 있다. 이 우화에서는 개가 아니라 올빼미를 들어 꼬집고 있다. 올빼미가 물고 있다는 부서(腐鼠)는 권세와 명성 따위를 암시하고 올빼미는 부서를 쫓는 불나방 같은 인간을 암시한다. 재상(宰相)이란 벼슬 자리가 혜자에게는 고귀한 것이겠지만 장자에게는 썩은 쥐[腐鼠]에 불과하다는 것이다. 그런 장자를 몰라보고 혜시가 두려워했다고 비웃을 사람이 몇이나 있겠는가.

권세와 명성, 재물에 꽁꽁 사로잡혀 있는 사람들로 그득한 세상은 밤낮 없이 꽥꽥 소리를 질러 대는 통에 하루도 조용할 날이 없다. 그래서 세상은 마치 올빼미의 소굴처럼 시끄럽다. 혜시를 나무라는 장자의 모습은 접여(接輿)를 떠올리게 한다. 공자가 머물던 집 앞 골목에서 불렀다는 접여의 노래가 생각난다.

가시나무에 앉지 말라. 봉황은 오동에 앉아야지 왜 가시나무에 앉으려 하는가 말이다. 썩은 쥐를 탐하는 올빼미여, 감로수를 마시고 멀구슬 열매를 먹고 오동나무에서만 머물다 쉬어 가는 봉황을 두려워 말라. 빼앗을 마음이거든 먼저 베풀기를 생각하라던 노자의 말은 이 세상에서 메아리치기 어렵다.

지락

至樂

[요점]　　　　　이 편은 지락(至樂)의 참다운 뜻을 살펴 두고
있다. '이 세상에 지락(至樂)이 있단 말인가, 없단 말인가[天下有至樂
无有哉]' 이 편은 이렇게 문제를 제기하면서 시작된다. 더할 바 없는
즐거움[至樂]을 누릴 수 있는가 없는가? 이 편은 우리에게 이런 문제
를 던지고 있다. 그러나 이 문제에 답할 수 있는 사람은 아무도 없
다. 왜냐하면 우리는 모두 부귀, 장수, 권세, 명성 등이 행복의 조건
이라고 믿고 있기 때문이다. 그런데 여기서는 우리가 이렇게 철석같
이 믿고 있는 것들을 버리라고 한다. 그래야 지락을 누릴 수 있다고
한다. 물론 이를 귀담아 들어줄 사람은 거의 없을 것이다. 반면 마음
껏 탐욕을 부리다 쇠고랑을 차고 감방에 누워 본 사람이라면 이 편
의 이야기에 눈물을 흘릴 수도 있다. 어찌 감방이 형무소에만 있겠
는가. 탐욕스러운 내 마음이 곧 캄캄한 감방인 것을. 지락은 그 감방
의 틈새로 밝은 빛을 넣어 줄 수 있다고 본다. 사나운 욕망 때문에

몸부림치는가? 그렇다면 한순간만이라도 그 욕망을 홀홀 털어 내 보라. 그러면 지락의 이웃 골목쯤에 접어들 수 있는 일이다.

[지락의 인물들]

1. 지리(支離) · 골개(滑介)

지리(支離)는 망형(忘形)이고 골개(滑介)는 망지(忘智)를 뜻한다고 한다. 즉 지리는 형체를 잊어버림[忘形]을 나타내고 골개는 지혜를 잊어버림[忘智]을 나타낸다. 그 두 인물 뒤에 숙(叔)을 붙인 것은 젊은 남자임을 의미한다. 이 우화는 두 남자가 명백(冥伯)의 언덕이 된 곤륜(崑崙)의 마루를 구경하는 장면으로 시작된다. 명백은 죽은 사람이고 곤륜은 황제가 쉬었던 폐허(廢墟)다. 두 인물은 황제의 무덤을 바라보고 있는 중이다.

지리숙(支離叔)과 골개숙(滑介叔)이 명백의 언덕이 된 곤륜의 빈터를 구경하고 있다. 곤륜의 빈터[崑崙之虛]는 황제가 머물러 쉬는 곳[黃帝之所休]이다. 그런데 갑자기 골개숙의 왼쪽 팔꿈치에 혹이 하나 솟아났다. 골개숙이 불쑥 생긴 혹을 싫어하는 눈치를 보이자 지리숙이 묻는다.

"자네, 그 혹을 싫어하는가[子惡之乎]?"

이에 골개숙이 대답한다.

"아닐세[亡]. 내 어찌 싫어하겠나[予何惡]. 산다는 것은 잠시 빌린 걸세[生者假借也]. 이 혹 역시 잠시 빌려 생긴 걸세[假之而生]. 산다는 것은 옷에 묻은 먼지나 티끌 같다네[生者塵垢也]. 생사란 주야와 같은 걸세[生死爲晝夜]. 자네와 더불어 나 또한 변화를 살펴 왔지[且吾與子觀化]. 그 변화가 나에게 이른 거지[而化及我]. 그런데 내 어찌 팔꿈치에 난 혹을 싫어하겠나[我又何惡焉]."

삶이란 잠시 빌린 것[生者假借]이다. 여기서 가차(假借)란 내 것이 아니라 남의 것이라는 말이다. 그래서 얼마 동안 빌려 쓴 뒤에는 다시 주인에게 되돌려 주어야 한다. 나에게 삶을 빌려준 주인은 누구인가? 노장은 그 주인을 일러 도(道)라고 했다. 그 도(道)가 나에게 잠시 빌려준 것은 무엇이란 말인가? 바로 목숨이라는 게다. 목숨이란 도가 빌려준 기운(氣運)이다. 밥을 먹고 물을 마시고 숨을 쉬어야 사는 것이다. 밥 속에 기운이 있고 물속에 기운이 있고 숨 속에 기운이 있다고 생각해 보라. 온갖 먹거리를 인간의 것이라고 생각하지 말고 천지가 준 것이라고 생각하라. 즉 하늘이 먹여 준다는 것이다. 이를 천사(天食)라 한다. 하늘 천(天), 먹여 줄 사(食). 천지가 기운을 먹여 준다[天食]. 생자가차(生者假借)란 곧 천사를 풀이한 것이 아니겠는가. 이 우화는 이처럼 지리숙과 골개숙을 등장시켜 삶이란 잠시 빌린 것임을 체험하게 한다.

일월(日月)은 조롱에 든 새요, 삶이란 물위에 뜬 풀잎이다. 살아서 천하를 호령하던 황제도 죽어 묻히면 하루를 살다 간 하루살이와 다를 것이 뭐 있겠는가. 몸을 잊어버린 지리숙과 온갖 지식을 잊어버린 골개숙은 생사(生死)라는 것이 갑작스럽게 일어나는 변화임을 잊지 말라고 한다. 팔꿈치에 솟아난 혹과 같은 것이 생(生)이란 말이다. 물론 이러한 생사관(生死觀)을 귀담아 들어줄 사람은 없으리라 싶다. 그러나 아무리 발버둥쳐도 한번 태어났으면 반드시 죽게 되어 있다. 생사란 왕래(往來)요, 출입(出入)이요, 가차(假借)임에 틀림없다. 틀림없는 것은 아무리 부정한다 한들 소용없다. 그래서 이 우화는 천지는 하나의 여인숙이요, 만물은 잠깐 머물다 가는 나그네라고 했던 장자의 말을 서럽게 듣지 말라 한다. 그렇지만 아등바등 생(生)만을 고집하는 우리에게 지락(至樂)은 아득하기만 하다.

2. 장자(莊子)·촉루(髑髏)

이 우화는 장자(莊子)와 촉루(髑髏)를 등장 인물로 삼고 있다. 여기서 장자는 생자(生者)이고, 촉루는 사자(死者)로 등장한다. 촉루는 해골을 말한다. 즉 산 것과 죽은 것이 대면하고 있는 것이다. 우리는 우리가 살아가고 있다고 믿는다. 그러나 따지고 보면 태어나는 순간부터 이미 죽어 가고 있는 것이 틀림없는 사실이다. 하루를 살았다 함은 결국 하루만큼 죽음에 가까이 갔다는 말이기도 하다. 사람은 영영 산다는 착각 탓에 모질게 변하기 쉽다. 그러나 삶이란 잠깐 빌린 것이니 잘살다가 다시 되돌려 주어야 한다는 생각을 갖는 순간 사람은 겸허(謙虛)할 수 있다. 이 우화에 대해서는 천박하다는 말도 있지만 생(生)과 사(死)를 돌이켜 보게 하는 것만으로도 귀담아 둘 만하다.

장자가 초 나라로 가던 중 해골을 발견했다. 앙상하게 마른 해골은 형체만 남아 있었다. 장자가 말채찍으로 해골을 건드리며 물었다.

"그대는 어찌하여 삶을 탐하다 순리를 잃고 이런 꼴이 되었는가? 나라를 망치는 짓을 하다 처형을 당해 이런 꼴이 되었는가? 선하지 못한 짓을 범해 부모와 처자에게 더러움을 남기기 싫어 이런 꼴이 되었는가? 춥고 배고파 병이 들어 이런 꼴이 되었는가? 아니면 수명이 다해 이런 꼴이 되었는가?"

이렇게 말한 장자는 해골을 끌어다 베고 누웠다. 한밤중이 되자 해골이 꿈에 나타나 말을 걸었다.

"당신은 변사(辯士)처럼 말을 잘 지껄이더군. 당신이 말한 것이란 살아 있는 자들의 괴로운 것들이지. 하지만 죽으면 그런 것들이란 없어. 죽음에 대한 이야기를 듣고 싶은가?"

장자가 그렇다고 응하자 해골이 말을 시작했다.

"그래, 들어 보세나. 죽음의 세계에는 군주도 없고 신하도 없어. 계절의 변화도 없고 몸을 편히 천지에 맡긴 채로 세월을 따른다네. 산 사람들의 임금이 누린다는 즐거움보다 낫다네."

이에 장자가 의심스럽다며 말을 걸었다.

"내가 생명을 관장하는 자[司命]로 하여금 당신을 다시 살아나게 하여 뼈와 살과 살갗을 붙여서 당신의 부모, 처자와 고향 마을 사람들에게로 되돌아가게 해 준다면 당신은 그렇게 하고 싶은가?"

그러자 해골이 심하게 눈살을 찌푸리며 말했다.

"내 어찌 제왕의 즐거움을 버리고[吾安能棄南面而王樂] 인간 세상의 괴로움을 짊어진단 말인가[而復爲人間之勞乎]?"

이 이야기는 어디까지나 우화이니 죽은 뒤의 세상을 이야기한들 시비를 걸 수 없을 터이다. 해골이 장자에게 다시는 환생(還生)하지 않겠다고 말하는 대목은 우리를 심각하게 한다. 삶을 애걸복걸하며 죽음이 올까 봐 벌벌 떠는 우리가 아닌가. 삶은 괴롭고 죽음은 편안한 쉼이란 생사관(生死觀)을 들어서 알고는 있지만 실제로는 죽음을 겁내는 우리를 해골이 인심시키고 있는가, 비웃고 있는가? 악착같이 물고 물리며 사는 우리가 괴롭다는 것을 해골은 이미 겪었으니 그냥 말하고 있는 것인가? 하여튼 이 우화에서는 장자를 등장시켜 해골과 대화하게 하여 사후(死後)의 세계를 왕락(王樂)이라고 밝히고 있다.

죽음이 끝이 아니라 다른 즐거움[王樂]의 시작이라는 말을 살펴보게 한다. 그러나 사람들은 인락(人樂)만 누리려 하지 왕락은 모르고 산다. 인락은 산사람들이 누리려는 즐거움이지만 그것은 다시 괴로움으로 이어진다. 그러나 왕락은 천지 만물에 두루두루 즐거움을 누리게 한다. 그래서 왕락을 천락(天樂)이라고도 한다. 살아 있는 쪽[莊子]을 빌어 죽은 뒤를 말하지 않고 죽은 쪽[髑髏]을 빌어 죽음의 세계를 말하게 하고 있으니 정말이냐고 시비를 걸어 따질 것은 없다. 알려고만 덤비면 모르고, 믿으면 알게 된다.

3. 열자(列子) · 촉루(髑髏)

《장자》의 우화 속에 등장하는 열자가 《열자(列子)》의 저자

인지 아닌지는 잘라서 말하기 어렵다. 열자는 실재했던 인물일까, 허구의 인물일까?《장자》에 나오는 열어구(列禦寇)와 열자는 동일 인물인가? 이런 문제를 제기하게 만드는, 분분한 이론의 주인공이 바로 열자다. 그러나 열자는 B·C 400년경에 지금의 하남성인 정 나라에서 태어났고 공자와 맹자 사이의 인물로, 장자보다는 조금 앞선 듯하다는 설이 가장 그럴듯하다. 이 설에 의하면 열자는 버슬할 생각은 전혀 없이 정 나라의 시골에 숨어 농사를 짓던 농부라고 한다. 궁궐에 있는 자들은 열자를 몰랐지만 많은 사람들은 열자를 알아보고 따랐다 한다. 이런 열자를 장자의 후학들이 싫어했을 리 없었을 것이다.

어쨌든 열자가 해골[髑髏]을 빌어 변화를 열거하는 대목을 보면 물화(物化)가 무슨 뜻인지 알 만하다. 물화란 이것은 이것이고 저것은 저것이라는 고집을 버리라고 한다. 이것은 저것이 되고 저것은 다른 것이 되고 다른 것은 또 다른 것이 되는 곧 물화(物化)다. 그리고 이런 물화를 엮어 내는 것을 조화(造化)라 한다. 이런 조화를 한마디로 무(無)라고도 한다. 무(無)를 우주 삼라만상의 어머니라고 생각하면 된다. 그래서 만물은 무에서 생긴다[有生於無]고 하는 것이다.

이성적인 인식만으로는 무(無)를 알 수가 없다. 과학이 마련해 준 합리성만 믿고 있는 우리는 원숭이가 사람을 낳았다고 주절대는 열자를 터무니없다 한다. 그러나 열자는 이성(理性)으로는 풀지 못할 경지를 읊고 있으니 그렇게 몰아칠 것은 없다. 이성으로만 따지려 들지 말고 걸림 없이 상상해 보라. 그러면 따지는 마음은 닫히고 상상하는 마음은 절로 열린다. 이제 판타지를 즐기는 디지털 세상이 열렸으니 주절주절 열거하는 열자의 심정을 납득할 수 있으리라. 그래서 이 우화 속의 열자는 열린 사고를 한번 즐겨 보라 한다.

열자가 길을 가다가 길가에서 점심을 먹고 있던 중에 백년 묵은 해골을 발견했다. 이에 열자는 쑥대를 뽑아 해골을 가리키며 말을 걸었다.

"나와 자네만 삶도 없고 죽음도 없음을 알고 있다네. 자네는 과연 알고 있는가? 나는 과연 기뻐하고 있는가? 종(種)이란 헤아릴 수 없이 많다네[種有幾]. 물이 있으면 곧 물때가 생기고 물과 흙이 맞닿는 곳에서는 청태(靑苔)가 생긴다네. 청태가 언덕을 만나면 질경이가 되고 질경이가 거름더미를 만나면 부자(附子)가 된다네. 부자의 뿌리는 나무굼벵이가 되고 부자의 잎새는 나비가 된다네. 나비는 변해 벌레가 되어 부뚜막 밑에서 생기는데, 그 모양이 허물벗는 것과 같다네. 그 벌레를 귀뚜라미라 한다네. 귀뚜라미가 천 일을 보내면 새가 되는데, 그것이 비둘기라네. 이 비둘기의 침이 쌀벌레가 되고 쌀

벌레는 눈에놀이라는 벌레가 된다네. 이로(頤輅)라는 벌레가 바로 눈에놀이에서 생긴다네. 황항(黃軦)이란 벌레는 구유(九猷)에서 생기고 무예(瞀芮)라는 벌레는 부권(腐蠸)에서 생긴다네. 양해(羊奚)라는 풀은 변해서 죽순이 되고 해묵은 대는 청녕(靑寧)을 낳고 청녕은 정(程)을 낳고[靑寧生程] 정은 원숭이를 낳고[程生馬] 원숭이는 사람을 낳는다네[馬生人]. 사람은 다시 조화의 근원으로 돌아간다네[人又反入於機]. 만물은 모두 다 그 근원에서 나왔다가[萬物皆出於機] 그 근원으로 들어간다네 [皆入於機].

이런 우화를 두고 시비를 걸지 말라. 열자는 지금 과학이 실험하고 검증하는 물질의 변화를 말하는 것이 아니라 조화를 말하고 있는 중이다. 조화란 무엇이 있게 된 까닭의 근원을 말한다. 온갖 목숨의 근원도 조화요, 목숨이 없는 모든 것들의 근원 역시 조화다. 이 천지가 사람을 위해서만 있다면 왜 사람을 앓게 하는 온갖 병균이 득실거리겠는가. 병균도 조화요, 돌멩이도 조화요, 사람도 조화요, 매미도 조화요, 밥도 조화요, 똥오줌도 조화다. 조화가 그치면 천지도 그친다. 그러므로 조화는 만물을 일구어 내는 일이다. 이 우화에서 열자는 그 일을 주절주절 열거하고 있는 것이다.

유무(有無), 생사(生死), 왕래(往來), 출입(出入)은 모두 도(道)

의 작용을 말한다. 가는 것[往]을 사(死)라 하고 오는 것[來]을
생(生)이라 한다. 나오는 것[出]을 생(生)이라 하고 들어가는 것
[入]을 사(死)라고 한다. 생(生)을 유(有)라 하고 사(死)를 무(無)
라 한다. 조화는 이런 유무를 걸림 없이 일구어 낸다. 그러니
열자가 원숭이가 사람을 낳았다[馬生人]고 말한다 해서 다윈
의 진화론(進化論)을 갖고 따지고 덤빌 것은 하나도 없다.

정생마(程生馬)의 정(程)은 쟁(猙)이라는 짐승이란 설이 있
다. 쟁이란 짐승은 뿔 하나에 꼬리가 다섯 개나 된다 하니 상
상의 짐승이겠지만 정(程)은 그냥 벌레 이름이라고 한다. 한
편에서는 마(馬)가 위(爲)를 잘못 쓴 것이란 설도 있다. 위(爲)
는 모후(母猴)를 나타낸다고 한다. 위(爲)의 어원은 어미 원숭
이[母猴]를 의미한다. 그래서 마(馬)를 원숭이로 풀이한다지만
그냥 말이라 한들 어떠랴. 다만 조화(造化)일 뿐이다.

달생
達生

[요점]　　　　　　　이 편도 맨 처음에 나오는 두 글자를 따서 편명을 삼았다. 여기에는 신기(神技)를 갖춘 사람들의 이야기가 많이 나온다. 아무리 신기를 갖추었다 한들 무심(無心)하여 망아(忘我)를 누리지 못하면 달생(達生)은 멀다. 나를 없애라[無心]. 그러면 내 고집을 잊는다[忘我]. 망아(忘我)하라. 그러면 달생한다. 그래서 여기에는 지극한 삶을 터득하라[達生]는 우화들이 많이 나온다. 우화들은 이렇게 충고하고 있다.

'편안히 살고 싶은가? 그렇다면 세속적인 일에 목매지 말고 벗어나라. 그러려면 탐욕부터 버려라.'

이 편의 우화들은 사람의 지식에 얽매이거나 매달리지 말고 오로지 자연에 순응(順應)하라 한다. 이는 곧 지인(至人)만이 달생(達生)을 누린다는 말이다. 지인(至人)이란 누구인가? 그는 더할 바 없이 지극한 사람이다. 무엇에 지극하단 말인가? 자연에 지극하다 함이다. 그런 지인들의 우화는 《열자》의 〈황제(黃帝)〉 편에도 나온다. 지인의 달생을 체험하게 하는 우화들이다 보니 그 내용이 깊고 묘하지만 뜻하는 바는 결국 자연에의 순응에 있음을 줄곧 보여 준다. 그래서 장자가 말하고 싶었던 뜻을 그 후학(後學)들이 잘 전해 주고 있다는 평을 듣는 편이기도 하다.

[달생의 인물들]

1. 열자(列子)·관윤(關尹)

열자는 이미 앞에서도 만났던 인물이다. 관윤(關尹)의 성씨는 윤(尹)이고 이름은 희(喜)이며 자가 공도(公度)였다 한다. 함곡관(函谷關)의 영(令)이어서 관윤이라 불렸고, 노자의 제자였다. 열자가 묻고 관윤이 대답하는 장면으로 우화의 무대를 짜 놓은 것을 보면 아마도 장자의 후학들은 노자를 높이 샀던 모양이다. 노자의 제자 관윤이 열자에게 지인(至人)의 길을 가르쳐 주고 있다. 먼발치에서 귀동냥이라도 했으면 좋으련만 우리는 이미 지인(至人)과 담쌓고 살기를 좋아한다. 그러니 이 우화는 쇠귀에 경 읽어 주는 꼴이겠다. 그래도 들어 두면 살다가 문득 떠올라 그렇구나 하고 가슴을 칠 때가 있을 것이다.

열자가 관윤에게 물었다.

"지인은 쇠붙이나 돌에 스며들 수 있고 불을 밟아도 뜨거워하지 않으며 만물을 밟고 가면서도 두려워하지 않는다는데 과연 그럴 수 있을까요? 그럴 수 있는지 가르쳐 주시지요."

이에 관윤이 대답한다.

"그런 일은 순수한 기운을 지키는 까닭이지[是純氣之守也]. 지식이나 기교, 용기 따위를 발휘해서가 아니지[非知巧果敢之列]. 앉게나[居]. 내 자네에게 말해 주지[予語女]. 무릇 모습이나 모양, 소리, 색깔이 있는 것은 모두 다 물(物)이지[凡有貌象聲色者皆物也]. 다 같은 것[物]인데 어찌 서로 다르겠는가[物何以相遠]. …… 이런 경지를 터득한 이는 알맞게 처신하고[彼將處乎不淫之度] 그침이 없는 도에 깃들어[而藏乎無端之紀] 만물의 근원에 노닐며 산다네[游乎萬物之所終始]. 그 본성을 하나이게 하고[壹其性] 그 기운을 보살피고[養其氣] 그 덕과 하나가 되어[合其德] 자연과 통한다네[以通乎物之所造]. 무릇 이 같은 분은[夫若是者] 천성을 온전히 지키며[其天守全] 정신에 빈틈이 없는데[其神無郤] 어찌 사물이 끼어들겠는가[物奚自入焉].

왜 우리는 이것저것 꾸미고 거짓부렁을 범하고 사는가? 왜 우리는 서로 하나 되어 살지 못하는가? 우리를 둘러싸고 있는 사물들 탓에 시비를 걸고 차별을 짓느라 본성대로 살지 못하는 것이다. 열자는 이 우화에서 사물(事物)을 중심으로 지인(至人)을 물었고 관윤은 본성(本性)을 들어서 지인을 밝혀 주고 있다.

몸이란 사물이다. 몸은 물속으로 들어가면 빠져 죽고 불속으로 들어가면 타 죽는다. 그러나 몸이 아닌 마음은 물속에도 들어갈 수 있고 불속에도 들어갈 수 있다. 정신의 입장에서 보면 은하수를 찾아가 노닐 수도 있다는 말이다. 이런 마음 자체[性]가 시비를 버리고 차별을 떠난 마음이라는 기운(氣運)이다. 이런 마음가짐[氣運]을 일러 자연(自然)이라고 불러도 된다. 그런 마음가짐은 만물을 하나로 보고 맞이하는 까닭이다.

만물이 하나인 마음가짐이 덕이요, 그 덕이 지극한 분이 곧 지인이다. 이런 지인이 어찌 모래라고 해서 버리고 금이라고 해서 갖겠는가. 우리가 금덩이를 돌덩이처럼 볼 수 있다면 산다는 일이 왜 괴롭겠는가. 사는 일이 괴로울 때 열자와 관윤이 문답하는 이 우화를 들어보고 나름대로 새겨 보도록 하라. 그러면 타던 속이 꺼질 수도 있는 일이다.

2. 구루자(痀僂者)

이 우화는 몸이 성하다고 해서 마음도 성하다고 생각해서는 안 된다는 사실을 새겨 보게 한다. 《장자》의 우화에는 몸이 불구인 지인(知人)들이 자주 등장한다. 〈덕충부〉에서도 혹 부리인 옹앙대영[甕盎大癭]과 절름발이에 곱사등이에 언청이인 인기지리무신[闉跂支離無脤]의 말을 듣고 임금이 즐거움을 맛보았다는 우화가 나온다. 즉 덕(德)이 더할 바 없는[充] 징표[符]를 옹앙대영과 인기지리무신의 인물로 삼고 있음을 보았다. 몸이 성하다고 해서 마음가짐까지 지극한 것은 아니다. 이 우화에 등장하는 구루자(痀僂者)가 공자를 무색케 했다는 이야기를 새겨 보면 허우대가 멀쩡한 병신이 왜 그리 많은지 그 까닭을 짐작해 볼 수 있다.

중니(仲尼)가 초 나라로 가던 중 숲 속을 지나오다가 곱사등이 노인이 마치 매미를 줍듯이 산 매미를 잡고 있는 광경을 보았다. 중니가 말을 걸었다.

"매미 잡는 기술이 대단하시오. 무슨 방도라도 있는지요?"

이에 곱사등이가 대답했다.

"나에게 방법이 있지요[我有道也]. 대여섯 달 동안 장대 끝에 공을 두 개 얹고 떨어뜨리지 않으면 놓지는 일이 별로 없지요. 세 개를 얹고도 떨어뜨리지 않으면 열 번 중에 아홉 번은 잡지요. 다섯 개를 얹고도 떨어뜨리지 않으면 마치 매미를 줍듯이 잡게 되지요. 내 몸가짐은 말뚝처럼 꼼짝 않고 팔 놀림은 마치 마른 나뭇가지와 같지요. 비록 천지가 크고 만물이 많다 해도 지워 버리고 오로지 매미의 날개만 알지 달리 마음을 쓰지 않아요. 그런데 어찌 줍듯이 잡지 못하겠소."

공자가 제자들을 돌아보고 말했다.

"뜻을 두되 헷갈리지 않으면[用志而不分] 신이 된다던데[乃凝於神], 바로 저 곱사등이 노인을 두고 한 말은 아닐지[其痀僂丈人之謂乎]……."

마음 가는 바가 한곳에 모이면 하지 못할 것이 없다. 그래서 토끼 두 마리를 쫓지 말라는 것이다. 다 잡기 위해 탐하다가는 두 마리 모두 놓치고 만다. 장대 끝에 두 개의 공은커녕 한 개도 올릴 수 없거늘 공 다섯 개를 포개서 장대 끝에 올려놓을 수 있을 만큼 마음가는 바를 하나로 할 수 있었다니 곱사등이에게는 산 매미를 잡는 일이 하나도 어렵지 않았을 것이다. 이것저것 두리번거리다 아무것도 하지 못하는 것은 마음 가는 바가 산란한 탓이다.

정신 없이 산다고 자랑하지 말 일이다. 번거롭고 번잡한 마음속은 잡동사니가 가득 찬 꼴과 같다. 뜻이 여러 갈래로 일렁이면 마음도 서늘증에 걸린다. 몸만 어지러운 게 아니다. 탐하는 마음보다 더 어지러운 것은 없다. 이러한 어지럼증을 탐욕의 병이라 해도 된다. 왜 인간이 변덕스럽겠는가? 마음이 갈피를 잡지 못해서 그렇다. 마음가짐이 그래서야 죽은 매미도 잡기 어려운 법이다. 하여튼 공자가 곱사등이 노인장에게 한 수 배운 셈이다. 하기야 곤충을 빌어 많은 우화를 남긴 고대 희랍(Greek)의 이솝 역시 인기지리무신처럼 불구자였다 하니 묘한 일이다.

3. 기성자(紀渻子)

바쁠수록 돌아가라 했다. 맹물도 쉬엄쉬엄 마셔야지 급히 들이키면 숨구멍이 막혀 죽는다. 이는 곧 조바심을 내지 말라는 말이다. 서둘러서 되는 일은 없다. 한 톨의 낟알도 때가 되어야 여문다. 여물기를 기다려야지 윽박질러 되는 일은 아무것도 없다. 느긋하게 마음먹고 기다릴 줄 아는 사람은 억지를 부리지 않는다. 왜 일이 어긋나 탈이 나겠는가? 기성자(紀渻子)의 우화가 그 답을 제시해 준다. 기성자의 우화는 《열자》에도 나온다.

기성자(紀渻子)가 임금을 위해 싸움닭을 키웠다. 열흘이 지나자 임금이 물었다.
"닭이 싸울 수 있겠는가?"
"아직 안 되겠습니다. 지금은 허세를 부리고 교만을 떨면서 힘이 센 척만 합니다."

다시 열흘이 지나 임금이 묻자 기성자가 아뢰었다.

"아직 안 됩니다. 다른 닭의 울음소리나 모습을 보면 덤벼들려고 합니다."

다시 또 열흘이 지나 임금이 묻자 기성자가 대답했다.

"아직 안 되겠습니다. 상대를 노려보면서 성깔을 부립니다."

다시 또 열흘이 지나 임금이 묻자 기성자가 아뢰었다.

"이젠 되겠습니다. 다른 닭이 울어 대도 아무런 내색도 않습니다[已无變矣]. 멀리서 바라보면 마치 나무로 빚은 것 같습니다[望之似木鷄矣]. 닭의 덕이 온전해져[其德全矣] 다른 닭들이 감히 덤비지 못하고 도망치고 맙니다[異鷄無敢應者反走矣]."

한사코 기성자를 졸라대는 임금은 싸울 줄만 알지 이길 줄은 모른다. 성급하게 힘으로 밀어붙이면 결국 끝이 흉해지고 만다는 이치를 임금은 모르고 기성자는 안다. 과연 우리는 어느 부류에 속하는가? 임금인가, 기성자인가? 이 우화는 지금 우리가 힘으로만 살려고 할 뿐 덕으로는 살려 하지 않음을 깨우쳐 주고 있다. 재화도 힘이요, 권력도 힘이요, 명성도 힘이요, 인기도 힘이라고 맹신하며 사는 것이 우리다. 그래서 우리네 삶은 호들갑스럽고 조마조마해 어쩔 줄 모른다.

힘은 힘으로 망한다. 힘으로 싸워 이기려고 조바심 내지 말

라. 힘으로 싸우면 반드시 성패(成敗)가 있음을 알아야 한다. 그래서 노자도 이기고 싶다면 지는 것을 생각해 보라 했다. 어떠한 싸움에서든 지지 않고 이기고만 싶은가? 그렇다면 후덕(厚德)하라. 베푸는 마음이 두터우면[厚德] 덕이 온전해진다[德全]. 기성자는 이 우화에서 임금과 싸움닭을 통해 우리에게 덕전(德全)을 깨우쳐 주고 있다. 덕 앞에는 적이 없다. 적이 없으니 싸우지 않고도 싸움에서 이긴다.

4. 공수(工倕)

공수(工倕)는 요(堯) 임금 때의 교자(巧者)라고 한다. 교자는 명공(名工)을 말하며 가장 뛰어난 장인(匠人)을 두고 공수와 같다고도 한다. 이 우화는 자적(自適)이야말로 더할 바 없이 즐거운 삶[達生]임을 깨우쳐 준다. 그러한 달생(達生)의 길은 어디 있는가? 공수의 우화는 지여물화(指與物化)라고 대답해 준다.

공수(工倕)가 줄긋기를 하면 그림쇠나 곱자보다도 뛰어났다[工倕旋而蓋規矩]. 공수의 손가락이 사물과 더불어 변화하면 서로 하나가 되어[指與物化] 마음에 의심 따위가 일어나지 않는다[不以心稽]. 그래서 그 마음은 하나가 되어 막히지 않는다

[故其靈臺一而不桎]. 발을 잊는 것은[忘足] 신발이 알맞기 때문이고[履之適也], 허리를 잊는 것은[忘要] 허리띠가 알맞기 때문이며[帶之適也] 앎이 시비를 잊는 것은[知忘是非] 마음이 알맞기 때문이다[心之適也]. 마음이 변덕스럽지 않고[不內變] 바깥 것들에 끌리지 않는 것은[不外從] 일이 서로 걸맞아 알맞기 때문이다[事會之適也]. 알맞음에서 시작하여[始乎適] 변함없이 알맞게 사는 사람은[未嘗不適者] 알맞음이란 것조차 잊어버린다[忘適之適也].

넘치지도 말고 처지지도 말고 알맞아라. 이런 경지를 일러 우제용(寓諸庸)이라 한다. 한결같음[庸]에 머물러라[寓諸庸]. 유가에서는 이를 중용(中庸)으로 살라 하고 불가에서는 평상심(平常心)으로 살라 한다. 우제용(寓諸庸)이니 평상심(平常心)이니 중용(中庸)을 한마디로 한다면 적(適)이 알맞을 것이다. 알맞게 하라[適]. 마땅하게 하라[的當].

알맞게 하라. 이는 하나 되기를 말함이다. 하나 되기란 무엇인가? 마음과 사물이 하나가 된다[指與物化]는 경지다. 그렇게 하려면 무엇보다 시비(是非)의 굴레에서 벗어나야 한다. 그래야만 손가락[指] 따로 마음[心] 따로 사물[物] 따로 떨어져 놀지 않는다. 공수(工倕)의 이야기는 마음과 몸과 사물이 하나 되는 것이 지극히 알맞은 삶[達生]임을 깨우쳐 준다.

산목
山木

[요점]　　　　　　이 편은 산에 있는 큰 나무 이야기로 시작된다. 그래서 산목(山木)이라는 편명이 붙었다. 여기서는 환란(患亂)을 피하려면 공허(空虛)한 마음가짐을 잃지 말라 한다. 억지를 부려 어긋나지 말라는 것이다. 그렇게 하려면 자연에 순응(順應)하라 한다. 이 또한 지극히 알맞은 삶[達生]을 누리라는 말이다. 그렇게 순응하는 마음가짐을 일러 공허(空虛)니 청허(淸虛)니 적막(寂寞)이니 염담(恬淡)이니 한다. 내가 만일 물 흐르듯이 산다면 나는 자연에 순응하는 것이다. 둑을 막고 물을 고이게 하려는가? 흘러가는 물은 막을 수 없다. 그러나 우리는 한사코 물막이를 하고 욕망의 배를 띄우려고 한다. 그러지 말고 청허(淸虛)히 살라.

[산목의 인물들]

1. 북궁사(北宮奢)

북궁사(北宮奢)는 위 나라의 대부(大夫)였다고 한다. 북궁(北宮)에 살아 그렇게 불렸고, 사(奢)는 이름이다. 여기서는 북궁사의 이야기를 통해 순리대로 산다는 것이 어떤 삶인지 체험해 보게 한다. 벼슬에 있던 사람이 자리에서 물러날 때 백성의 칭송을 받으면 순리대로 벼슬아치 노릇을 한 셈이고 백성의 손가락질을 받으면 순리에 어긋난 짓거리를 범한 것이다. 백성들은 왜 북궁사를 거역하지 않았던가? 치자(治者)들은 곰곰이 생각해 볼 일이다.

북궁사가 백성들에게 세금을 거두어 위 나라 영공(靈公)을 위한 종(鐘)을 만들게 되었다. 그런데 불과 석 달 만에 성문 밖에 단을 만들고 종의 걸이(上下之縣)를 완성했다. 왕자인 경기(慶忌)가 이를 보고 물었다.

"무슨 방법으로 이리도 빨리 완성했단 말인가?"

북궁사가 대답했다.

"순리를 따랐을 뿐입니다. 제가 어찌 감히 수작을 부리겠습니까? 제가 듣기로는 있는 대로 깎고 있는 대로 다듬어서 자연으로 되돌아갔다 합니다. 무심하여 아는 것이 없고 모든 생각을 버려 의심이 그치고 사물이 오는지 가는지 모르면서, 가는 것은 보내 주고 오는 것은 맞이하고 오는 것은 막지 않고 가는 것을 붙들지 않으며, 거역하는 자를 그대로 내버려두고 순종하는 자도 그대로 두어 저마다 힘껏 다하게 했습니다. 그래서 아침저녁으로 세금을 거둬들여도 백성은 조금도 상처를 입지 않았습니다."

옥박질러 세금을 갈취하면 백성은 돈이 있어도 세금 내기를 싫어한다. 그러나 마땅히 낼 만큼만 내도록 마음을 편하게 내버려두면 백성이 스스로 알아서 세금을 내리란 천심(天心)을 북궁사는 알았던 것이다. 물론 백성이 북궁사의 뜻을 알아준 덕도 있다. 그런 순일(純一)한 마음가짐을 백성이 알아준 덕에 북궁사는 종(鐘)을 주조할 터를 마련할 돈을 빨리 거둘 수 있었던 것이다.

마음 편히 사는 대가로 낼 만큼의 세금을 매겨서 내라고 하면 거절할 백성은 없을 것이다. 그러나 부패한 궁궐이 세금을 갈취하여 백성의 마음을 아프게 한다면 백성은 숨거나 감추거나 거짓 수작을 부리고 탐욕도 늘어만 간다. 그래서 임금이 썩으면 그 백성도 썩고 임금이 부정(不正)하면 백성도 부정해진다는 것이다. 북궁사는 백성의 마음이 편하게 세금을 거뒀지 백성을 쥐어짜 아프게 갈취하지 않았기 때문에 종(鐘)을 주조할 단(壇)을 빨리 완성할 수 있었다. 그러나 왕자는 이를 몰랐다니, 북궁사의 뜻을 깨우쳤다면 위 나라가 잘됐을 것이고 그렇지 못했다면 결국 망했으리라.

여기서 종(鍾)이란 현(縣)에 걸릴 하나의 음계(音階)를 말한다고 보아도 된다. 상하지현(上下之縣)의 현(縣)은 팔음(八音)을 갖추는 것을 뜻하는 까닭이다. 현(縣)은 팔음을 연주하게 하는 악기인 셈이다. 종은 그 팔음 중의 하나로, 여기서는 악기를 암시한다. 낙(樂)을 연주하는 악기는 본래 치세(治世)의 도구를 뜻한다. 그러므로 북궁사는 위 나라 임금과 왕자에게 순일(純一)한 마음으로 세상을 다스리라고 깨닫게 해 준 셈이다. 하기야 조선조에도 신문고란 게 있었다지만 탐관오리는 여전히 없어지지 않았다. 북궁사가 아무리 깨닫게 한들 결국엔 종(鍾)을 칠 당사자가 문제인 것이다. 그 당사자란 누구인가? 북궁사가 아니라 임금이니 문제다.

2. 원숭이[猿]

이 우화는 장자와 위 왕(魏王)을 등장시켜 대화를 나누게 한 다음 그 중간에 원숭이를 등장시켜 장자로 하여금 위 왕을 면박하도록 꾸며져 있다. 가난은 병이 아니며 지친 것도 아니라는 장자의 항변은 많은 것을 생각하게 한다. 마음이 맑고 깨끗한 사람은 겉을 치장하지 않는다. 옷이 날개라는 말이 결국엔 속이 너절한 인간을 두고 홍보하는 줄도 모르고 얼씨구나 하고 으쓱하는 인간들이 많다. 이 우화는 그런 인간들을 움찔하게 한다. 물론 너절한 인간들은 장자가 왜 원숭이를 말하는지 모를 것이다.

장자가 덕지덕지 꿰맨 누더기를 입고 삼끈으로 신발을 묶은 채 위 왕을 찾아갔다. 위 왕이 물었다.

"선생은 어째서 병들고 지쳤단 말이오?"

장자가 말했다.

"다만 가난한 것이지 병들거나 지친 것이 아닙니다. 선비에게 도덕이 있어도 행하지 않는 것이 병들고 지친 겁니다. 가난은 병든 것이 아니랍니다. 좋은 시대를 만나지 못한 탓에 병들고 지친 것입니다. 임금께서는 나무를 타는 원숭이를 본 적이 있습니까? 원숭이가 굴거리나무나 가래나무 줄기를 타고 올라가 의기양양할 때는 천하의 명궁이라는 예(羿)나 봉몽(逢蒙)이라도 그놈을 맞출 수가 없답니다. 그러나 그놈도 가시나무나 탱자나무 사이에 있을 때는 조심조심 걷고 위태로워서 부들부들 떱니다. 이는 근육이 위기를 만나 부드러움을 잃어버린 탓이 아니라 있는 곳이 불편해서 근육이 제구실을 제대로 하지 못하기 때문입니다. 지금처럼 어리석은 임금과 어지러운 신하 사이에서 병들지 않으려 한들 어찌 그럴 수 있겠습니까. 비간(比干)이 가슴을 찢긴 것을 보아도 분명하지 않습니까."

선비란 누구인가? 마음을 불편하게 하는 것을 두려워할 뿐 가난은 아랑곳 않는 사람을 이른다. 껍데기 선비는 허다해도 진정한 선비는 없어서 세상이 너절하지만 하늘에 한 점 부끄럼 없는 선비가 하나만 있어도 세상에 살맛이 날 것이다. 왜 껍데기 선비라 하는가? 말로만 선비일 뿐 선비 노릇은 마다하는 가짜이기 때문이다. 그래서 장자는 임금에게 바른 말을 던진다.

"사유도덕불능행(士有道德不能行)이면 비야(憊也)". 이 말은 곧 도덕이 입에만 붙어 있고 도덕은 행하지 않는다 함이다. 가짜 선비가 판치는 세상이 비(憊)라는 것이다.

고달파서 앓게 한다[憊]. 무엇이 그렇게 한단 말인가? 혼상란상지한(昏上亂相之閒)이 백성을 고달프게 하고 병들어 앓게 한다. 혼상(昏上)은 돼먹지 못한 임금이요, 난상(亂相)은 세상을 어지럽히는 벼슬아치들을 말한다. 막돼먹은 임금과 더러운 벼슬아치들은 마치 가시나무에 올라간 원숭이 꼴과 같다. 왜 밤새 안녕하냐는 인사말이 생겨났겠는가? 백성을 가시나무에 올려놓는 무리들 때문이 아니겠는가. 임금이 포악하면 제 부모도 몰라본다. 비간(比干)은 상(商) 나라의 마지막 임금 이었던 수(受)의 숙부다. 현자인 비간이 바른 말을 하자 포악 했던 수는 제 숙부인 비간의 몸을 찢어 강물에 던졌다 한다. 그 임금을 주(紂)라고 부른다. 주(紂)는 폭군의 화신으로 통한 다. 폭군을 혼상(昏上)이라 하고 폭군에 빌붙어 먹는 치들을 난상(亂相)이라 한다.

굴거리나무와 가래나무는 성군(聖君)의 치세(治世)를 암시 하고 가시나무와 탱자나무는 폭군(暴君)의 난세(亂世)를 암시 한다. 우리는 지금 난세에 사는가, 치세를 누리는가? 지금은 마음 편한 세상[治世]인가, 마음이 불편해 병든 세상[亂世]인 가? 옛날에는 못난 임금이 난세를 빚었지만 지금은 더러운 재 화(財貨)가 난세를 빚어 낸다. 어쨌든 우리는 지금 어느 나무 에 올라가 있는 원숭이란 말인가? 장자는 지금 원숭이를 빌어 세상을 말하고 있는 중이다.

3. 까치[鵲]·매미[蟬]·사마귀[螳螂]

왜 세상이 물고 물리고 속이고 속아 너절하단 말인가? 모두 이해(利害) 탓이다. 내가 이롭다면 네가 해롭고 내가 해롭다 면 네가 이롭다는 심술(心術) 탓이다. 이러한 심술이 세상을 팽팽하게 긴장시킨다. 그래서 세상은 서로의 목을 노리는 싸움터 같다는 생각이 들어 섬뜩할 때가 많다. 요상한 까치에 홀린 장자가 밤나무 숲에 들어갔다가 도둑으로 몰려 욕을 먹었다는 이 이야기를 보면 우화 속의 인물들(까치·매미·사마귀)이 마치 세상 속의 우리와 같다.

장자가 조릉(彫陵)이라는 밤나무 밭 울타리를 따라 노닐다가 남쪽에서 이상한 까치 한 마리가 날아오는 것을 보았다. 날개의 넓이가 일곱 자는 되고 눈의 크기는 한 치나 됐다. 그 까치는 장자의 이마를 스치고 밤 숲에 멎었다. 이를 본 장자가 중얼거렸다.

"저게 무슨 새일까? 날개는 큰데 잘 날지 못하고 눈은 큰데 잘 보지 못하는 저게 뭘까?" 그리고는 바지를 끌어당겨 활을 들어 까치를 겨누었다. 그러다 문득 보니 매미 한 마리가 시원한 그늘에서 제 몸조차 잊은 채 쉬고 있었다. 그런데 그 옆에는 사마귀 한 마리가 매미를 잡아먹기 위해 나뭇잎 속에 숨어 제 몸을 잊고 있었다. 까치는 그 틈을 타 사마귀를 노리느라 정신이 팔려 제 몸을 잊고 있었다. 이를 본 장자가 탄식했다.

"물고상루(物固相累)하고 이류상소야(二類相召也)이어라"

물건이란 본시 서로 해를 끼치며 서로에게 이해를 미치게 하는구나.

탄식하며 활을 버리고 숲에서 물러 나오는데 숲지기가 쫓아와 왜 밤 숲에 들어왔느냐고 꾸짖었다. 그 뒤로 장자는 석 달 동안이나 얼굴을 찡그리고 살았다 한다.

이 우화는 여기서 끝나지 않고 인저(藺且)라고 하는 장자의 제자를 등장시켜 장자의 심정을 토로하게 꾸며져 있다. 왜 선생의 얼굴이 어둡냐고 묻는 제자에게 장자는 이렇게 대답해 준다.

"오수형이망신(吾守形而忘身)하였어. 관어탁수(觀於濁水)하다 미어청연(迷於淸淵)하였어."

나(吾)는 바깥 사물(形)에 정신이 팔려(守) 제 몸(身)을 잊었다(忘). 흙탕물(濁水)을 밝히다(觀) 맑은 연못(淸淵)을 잊었다(迷).

외물(外物)에 눈이 팔리면 제 몸이 망하는 줄도 모르고 말려든다. 외물이란 결국 사람에게 이해(利害)의 덩어리로 둔갑하고 만다. 외물 때문에 내 몫이 어떻고 네 몫이 어떻다는 실랑이가 빚어지고 공을 따져 몫을 갈라 보자는 흥정이 벌어진다. 흥정을 잘하면 처세에 능하다 하고 흥정을 잘하지 못하면 멍청하다고 욕먹는 세상이 바로 우리네 현실이다. 이 우화는 현실을 이렇게 묘사하고 있다.

'장자는 까치를 노리고 까치는 사마귀를 노리고 사마귀는 매미를 노리고 있다.'

그러나 장자는 우리와는 다르다. 장자는 까치를 노리던 활 [彈]을 버리고 밤 숲을 물러 나왔기 때문이다. 탄(彈)은 총알을 날리는 활이다. 그러나 우리는 탄을 버리기는커녕 화살을 질러 까치를 잡기 위해 용트림을 마다 않는다. 그러니 밤숲지기는 장자가 뉘우친 줄도 모르고 밤나무 털이쯤으로 몰아 꾸짖었던 것 아니겠는가.

이 우화는 우리를 서글프게 한다. 밤나무 털이쯤에 불과한 좀도둑은 붙들려 감옥에 가고 나랏돈을 훔쳐먹는 큰 도둑은 떵떵거리며 사는 현실을 떠올려 주는 까닭이다. 세금을 훔쳐먹는 놈이야말로 나라를 훔치는 큰 도둑이다. 그러니 어찌 좀도둑으로 억울한 누명을 뒤집어쓴 장자의 얼굴이 환해지겠는가.

전자방
田子方

[요점]　　　　　이 편은 전자방(田子方)으로 시작하기 때문에 편명을 이렇게 삼았다. 속은 없고 겉만 번지르르한 것을 일러 빛 좋은 개살구라고 한다. 이 편은 그런 개살구처럼 되지 말라고 한다. 마음속이 충실한 사람은 겉모습 따위로 이러고저러고 하지 않는다. 이 편 역시 옷이 날개라는 속담을 거두라 한다. 그래서 지인(至人)은 세상이 알아주느냐, 알아주지 않느냐를 두고 애태우지 않는다. 오히려 지인은 세상이 몰라주기를 바라고, 없는 듯이 살려고 한다. 생사(生死)를 잊고 사는 지인을 닮거나 부러워할 수는 없다 해도 지인이 탐욕에 찌든 인간을 씻어 줄 수 있다는 것만이라도 안다면 험한 꼴을 당했을 때 되살아날 길목을 찾는 방편을 얻을 수 있다.

1. 전자방(田子方)

친구 따라 강남 간다고 함부로 말하지 말라. 도둑을 벗 삼으면 감옥을 가게 되고 아편쟁이를 벗 삼으면 인생이 거덜나고 만다. 그러나 전자방(田子方) 같은 벗이라면 따라나서도 아무런 탈이 없을 것이다. 사람이 되는 길을 터서 인도하려는 인물이 바로 전자방이다. 왜 그러하단 말인가? 아래의 이야기를 들어보면 알게 되리라.

전자방이 위(魏) 나라 문후(文侯)를 모시고 앉아 계공(谿工)을 여러 번 칭찬했다. 그러자 문후가 계공이란 자가 전자방의 선생이냐고 물었다. 이에 전자방은 같은 고향 사람이긴 한데 선생은 아니라고 했다. 그렇다면 선생이 없느냐고 묻자 전자방이 있다고 여쭈었다. 그게 누구냐고 묻자 전자방은 동곽순자(東郭順子)라고 대답했다. 문후가 물었다.

"그런데 왜 당신은 그 사람을 한 번도 칭찬하지 않으오?"

전자방이 대답했다.

"그분은 사람됨이 진실합니다[其爲人也眞]. 모습은 사람이나 마음은 하늘이고[人貌而天虛] 만물과 순응하면서 진실을 키우고[緣而葆眞] 청렴하면서도 만물을 끌어안습니다[淸而容物]. 세상이 무도해도[物无道] 바른 마음가짐으로 세상이 그 마음가짐을 깨치게 하고[正容以悟之] 사람들의 의식이 안정되게 합니다[使人之意也息]. 어찌 그분을 칭찬하겠습니까[无擇何足以稱之]?"

이렇게 말한 다음 전자방은 나가 버렸다.

그 뒤로 문후는 어리둥절해져 온종일 아무 말도 하지 못하다가 신하들을 불러 말했다.

"멀구나[遠矣]. 덕을 온전히 갖춘 군자로다[全德之君子]. 처음에 나는 성인과 지자의 말과[始吾以聖知之言] 인의를 행하는 것을[仁義之行] 더할 바 없이 지극하다고 여겼다[爲至矣]. 그러나 전자방의 스승 이야기를 듣고 보니[吾聞子方之師] 나는 멍청해져 움직이기도 싫고[吾形解而不欲動] 입을 다물어 말하고 싶지도 않았다[口鉗而不欲言]. 내가 배운 것이란 다만 보잘것없는 것이고[吾所學者直土梗耳] 무릇 위 나라라는 것도 나에게는 진실로 허물이 될 뿐이야[夫魏眞爲我累耳]."

위 나라의 문후는 군자가 될 가능성이 있다. 폭군이라면 전자방을 내쳤을 것이 분명하다. 폭군은 성지지언(聖知之言)도 마다하거늘 그래도 문후는 전자방의 말을 듣고 전덕(全德)을 기릴 줄 알았으니 말이다. 성인과 지자의 말[聖知之言]은 유가의 주장으로 여기면 된다. 그리고 전자방이 말한 온전한 덕[全德]은 도가의 주장이라고 여기면 된다.

전덕(全德)이란 시비의 분별을 떠난 마음가짐을 행동으로 베푸는 삶을 말한다. 이러한 삶을 지인(至人)의 삶이라고 한다. 맑고 투명해 사리(私利)라고는 하나도 없는 삶의 모습을 전자방은 정용(正容)이라고 했다. 바른 마음가짐[正容]에 관한 말을 위 나라 임금 문후가 순순히 받아들여 덕을 베푸는 임금이 되었으니 문후는 전자방 덕을 톡톡히 본 셈이다. 사람을 후덕하게 하는 이가 바로 전자방이란 인물이다. 권력을 잡으려는 아첨을 빌어 권력을 잡는 임금은 패도(覇道)의 하수인에 불과하다.

전자방은 달콤한 말을 하지 않는다. 쓰디쓴 말을 할 뿐이다. 소인은 달콤한 말을 해 주면 좋아라 하지만 쓴말을 하면 바로 화를 낸다. 그러나 대인은 달콤한 말에는 귀를 닫고 쓴말에는 귀를 튼다. 전자방의 말을 듣고 뉘우친 문후는 대인의 골목에 들어선 셈이다. 그러나 지금 세상에 전자방이 나타나 전덕(全德)의 삶을 갈파했다가는 정신나간 얼간이라는 소리만 듣고 팽개쳐질 것이 분명하다. 왜냐하면 우리는 입으로만 덕을 말할 뿐 실제로는 덕을 가장 싫어하기 때문이다. 후덕하게 살라 하면 삿대질할 사람들로 세상이 붐빈다.

2. 백리해(百里奚) · 유우씨(有虞氏)

백리해(百里奚)의 성씨는 맹(孟)이라고 한다. 본래는 우(虞) 나라의 현자였으나 우 나라가 진 나라에 망하면서 진 나라의 현자로 살았다고 한다. 그러나 백리해는 빈천하게 살면서 벼슬도 멀리하고 녹봉(祿俸)에도 연연하지 않았다. 그래서 청빈(淸貧)을 대변하는 인물을 댈 때는 언제나 백리해가 떠오른다.

백리해는 벼슬에도 마음이 없었고 녹봉에도 마음이 없었다. 그래서 백리해가 먹이는 소는 족족 살이 쪘다. 진 나라의 목공(穆公)은 백리해의 천한 신분을 무시하고 그에게 정치를 맡겼다.

유우씨(有虞氏) 역시 삶과 죽음을 마음에 두지 않았으므로 그 마음가짐이 세상 사람들을 감동시켰다. 유우씨는 순(舜) 임금을 말한다. 순은 임금이 되기 전에 세상 사람들을 이미 감동시켰다고 한다. 순은 일찍 어머니를 잃었다. 그러나 순의 아버지는 후처의 꾀임에 놀아나 순을 미워했다. 심지어 순을 죽이려고까지 했으나 순은 그에 아랑곳하지 않고 효성이 지극해 세상 사람들이 감동했다 한다.

자기를 죽이려는 아버지와 계모에 대한 효성이 지극해 자신의 생사를 잊었다는 순은 천륜(天倫)을 대변하는 인물이다. 물론 부모의 재산이 탐나 지극한 효성을 다했던 것은 아니다. 이제는 가난한 집에서 효자 난다는 말은 거짓말이 되고 말았다.

백리해는 벼슬 자리를 한몫 잡는 복마전으로 생각하지 않았다. 벼슬이라도 한자리해야 썩은 고깃덩이 한 점이나마 물어 삼킬 수 있다고 벼르는 탐관오리들이 가장 미워하는 자가 바로 백리해다. 요즘 벼슬아치들은 돈을 받아먹고도 눈 하나 까딱하지 않고 대가성이 없었다며 시치미를 뚝 뗀다. 썩은 관리가 소굴을 이루면 그 소굴의 우두머리는 누가 되는가? 옛날에는 임금이요, 지금은 대통령이나 수상쯤 되리라. 그러나 진나라 목공은 청렴하고 정직한 백리해를 알아 정치를 맡겼다니 도둑의 소굴을 소탕할 수 있었으리라.

지북유
知北遊

[요점] 　　　　　이 편 역시 지북유(知北遊)로 시작해 편명을 이렇게 삼았다. 이 편에서는 도(道)를 말하려고 하지만 도를 알려고 들지 말라 한다. 눈으로도 볼 수 없고 귀로도 들을 수 없고 손으로도 만질 수 없는 것이 도라고 한다. 이는 도(道)가 사람이 알래야 알 수 이 없는 것임을 의미한다. 그러니 도는 과학을 떠나 있는 세계를 뜻한다. 과학이 넘지 못하는 경지가 있다. 그 경지를 일러 현묘(玄妙)하다 한다. 그 현묘한 것을 알려고 하지 말고 황홀(恍惚)해 하라 함이 노자의 부탁이 아니던가. 왜 황홀하단 말인가? 어느 것 하나 도를 떠난 것은 없기 때문이다. 이 또한 노자의 말을 빌린다면 상덕불리(常德不離)이리라. 변함없는 덕[常德]이란 결국 도를 말한다. 도는 만물에서 떠나지 않는다[不離]. 이 편은 이를 체험하라는 우화들로 이루어져 있다.

1. 지(知) · 무위위(无爲謂) · 광굴(狂屈)

여기서 지(知)는 식(識)을 나타내는 인물이다. 이 우화는 지
(知)가 무위(無爲)임을 알아보기 위해 순례하는 이야기로 꾸며
져 있다. 지(知)는 무위위(无爲謂)를 만나고 광굴(狂屈)을 만난
다. 무위위와 광굴은 불언(不言)의 인물, 즉 지자불언(知者不
言)인 셈이다. 여기서 지자(知者)는 무위(無爲)를 터득한 자를
뜻한다. 지는 무위를 말로 할 수 없음[不言]을 몰랐고 무위위
와 광굴은 알았다.

북녘의 현수(玄水) 강가에서 노닐던 지(知)는 은분(隱弅)의
언덕에 올랐다가 우연히 무위위(无爲謂)를 만났다. 지가 무위
위에게 물었다.

"당신에게 물어보고 싶은 것이 있습니다. 어떻게 해야 도
(道)를 알 수 있습니까? 어떻게 처신하고 어떻게 복종해야 편
안히 도에 머물 수 있습니까? 무엇을 따르고 어떤 방법을 써
야 도를 터득할 수 있습니까?"

이렇게 세 번에 걸쳐 물었으나 무위위는 아무런 대꾸도 하
지 않았다. 대답하지 않은 게 아니라 대답할 줄 몰라서였다.

세 번을 물어보았지만 아무 대답도 듣지 못한 지는 백수(白水) 남쪽으로 돌아와 호결(狐闋)이란 언덕에 올랐다가 광굴을 만났다. 지는 광굴에게 앞서처럼 물어보았다. 이에 광굴이 대답했다.

"아, 나는 그걸 알지요. 내 당신한테 말해 주리다."

그러나 광굴은 말하려다가 말하고 싶은 바를 잊어버리고 말았다.

지(知)는 무엇이든 한사코 알고 싶어하는 인간성을 대변하는 인물이다. 요샛말로 하자면 과학자를 대변한다. 도(道)이든 신(神)이든 객관적으로 검증되지 않고는 인정할 수 없다는 인간성의 이미지인 것이다. 그러나 무엇이든 다 알 수 있다는 생각을 버리라는 것이 노자의 현묘(玄妙)한 경지가 아니던가. 그런 현묘한 경지를 일러 황홀(恍惚)하다 한다. 그래서 언자부지(言者不知)라 했다.

말하는 사람은 모른다[言者不知]. 무엇을 모른다는 말인가? 인간은 도를 알 수 없음을 모른다는 것이다. 과학은 말할 수 있는 것만을 안다. 우리가 말할 수 있는 것을 물질(物質)이라 한다. 인간은 물질은 알 수 있어도 물질이 아닌 것은 알 수 없다. 그러나 인간의 과학은 물질이 아닌 것은 내팽개친다. 이런 사고와 행위를 일러 언자부지(言者不知)라 한다. 언자(言

者) 역시 요샛말로 한다면 과학자쯤 될 것이다.

아는 사람은 말하지 않는다[知者不言]. 여기서 아는 사람[知者]이란 도(道)를 터득한 사람, 즉 성현(聖賢)을 말한다. 성자(聖者)와 현자(賢者)는 과학이 알 수 없는 현묘한 경지를 아는 동시에 그 경지를 말로 할 수 없음을 아는 분이다. 그래서 성현은 논리를 앞세워 사고하여 검증하라 하지 않는다. 아무리 검증하려 해도 검증할 수 없는 경지가 있음을 알기 때문이다. 그러나 언자(言者)는 그 경지를 모른다. 우리는 모두 언자(言者)다. 그래서 성현의 말씀은 못들은 척하면서 언자의 말은 믿고, 온 세상을 물질의 조직으로만 알려 한다. 그래서 인간은 이욕(利慾)의 동물로 치닫고 있는 중이다. 그래서 너도나도 사는 일이 편치 못하고 고달픈 것이다. 그런데도 우리는 안도(安道)하라 하면 냉소하며 비웃는다. 안도는 없고 과학만이 기승을 부리고 있으니 인간은 덩달아 오만불손해진다. 하늘이 무섭지 않느냐고 하면 웃기는 소리 말라 한다.

2. 승(丞)·순(舜)

승(丞)은 순(舜)의 선생이다. 이 우화에서는 승(丞)과 순(舜)을 등장시켜 소유(所有)의 문제를 제기한다. 이 우화를 곰곰이 새기면 왜 불가에서 빈손으로 왔다가 빈손으로 간다고 했는지 짐작되는 바가 있을 것이다. 이 세상에 내 것이란 하나도 없다. 내 돈이요, 내 재산이라 하지만 결국엔 모두 사는 동안만 간직했다가 버리고 가야 하는 것이다. 죽음은 모든 것을 버리라고 한다. 승(丞)은 우리에게 이 점을 새겨 두라고 한다.

순(舜)이 승(丞)에게 물었다.

"도라는 것은 얻어 가질 수 있는 것인지요[道可得而有乎]?"

"자네 몸도 자네 것이 아니지[汝身非汝有也]. 어찌 자네가 도를 가질 수 있겠나[汝何得有夫道]."

"제 몸도 제 것이 아니라면[吾身非吾有也] 누구의 것이란 말입니까[孰有之哉]?"

"자네 몸이란 천지가 자네에게 맡겨 둔 형(形)일 뿐일세[是天地之委形也]. 목숨도 자네 것이 아니지[生非汝有]. 천지가 자네에게 맡겨 둔 화(和)일 뿐일세[是天地之委和也]. 성명(性命)도 자네 것이 아니지[性命非汝有]. 천지가 자네에게 맡겨 둔 순(順)일 뿐일세[是天地之委順也]. 자네 자손도 자네 것이 아니지[孫子非汝有]. 천지가 자네에게 맡겨 놓은 태(蛻)일 뿐일세[是天地之委蛻也]. 그래서[故] 살면서도 어디로 가는지 모르고[行不知所往] 살면서도 기댈 곳을 모르고[處不知所待] 먹어도 그 맛나는 바를 모르지[食不知所味]. 천지가 주는 활기찬 기운일 뿐이오[天地之彊陽氣也]. 그런데 어찌 소유한단 말이오[又胡可

得而有邪]."

이 우화를 잘 새기면 살아가는 일이 한결 부드럽고 순해져
편히다. 승(丞)은 지금 천명을 말하고 있다. 내 몸[身]도 내 것
이 아니고 내 목숨[性命]도 내 것이 아니다. 이것이 곧 우리의
천 사상(天思想)인 천명(天命)이다. 내 것이란 없다. 이 또한
천명이다. 모든 것은 천지의 것이다. 이 또한 천명이다. 나라
는 것은 천지가 나에게 잠시 빌려준 것뿐이다. 이 또한 천명
이다. 천지가 빌려준 것이 나라는 생(生)이요, 천지에 돌려줌
이 나라는 사(死)다. 이 또한 천명이다. 내가 태어나고 죽는
것은 모두 다 천지의 명령[天命]이다. 노자는 이런 천명을 탁
약(槖籥)에 비유했다. 탁약은 풀무를 말한다. 풀무질은 바람
을 내기도 하고 들이기도 한다. 그렇다면 무엇이 풀무질을 한
단 말인가? 풀무질하는 주인을 도(道)라고 부른다. 그러니 이
우화에서는 천지(天地)란 바로 도(道)를 일컫는다고 여기면 된
다. 도가 지금 나를 풀무질하는구나. 이 얼마나 황홀한가.

내 몸은 위형(委形)이고 내 목숨은 위화(委和)이며 내 본바
탕은 위순(委順)이다. 이는 바로 천명을 풀이해 준다. 여기서
위(委)는 맡겨 둔다[委屬] 함이다. 그래서 위(委)는 부(付)로도
통한다. 맡긴다[委] 함은 준다[付] 함이니 말이다. 그러나 나에
게 맡겨 두었을 뿐 내 것으로 여겨 가지라는 것은 아니다. 그

래서 무소유(無所有)라 한다. 내가 가질 것이란 나에게는 하나도 없다[無所有]. 형(形)은 몸을 말하고 화(和)는 목숨을 말하고 순(順)은 본바탕을 말한다고 새기면 어떨까 싶다. 위형(委形)의 형(形)은 드러난 꼴이다. 내가 드러난 꼴을 몸이라 한다.

성명(性命)이니 본성(本性)이니 하는 성(性)은 모두 본바탕을 말한다. 천지를 거역할 수 없는 것이 만물의 본바탕이라는 말이다. 이는 사람이라 해서 다르지 않다. 노자는 이를 위일(爲一)이라 했고 장자는 제물(齊物)이라 했다. 모든 것이 천지의 것이니 다 같이 하나라는 말이다. 그러니 다투지 말고 오순도순 천지에 함께 머물다 가라. 몸도 머물고 목숨도 머물고 내 본바탕도 머물다 간다. 그래서 장자는 천지가 여인숙이고 만물은 저마다 머물다 가는 나그네라고 했다.

위화(委和)의 화(和)는 어울림이다. 어울림이란 서로의 모임이다. 위화는 천지가 기운을 모아 맡겨 둔 것이다. 천지의 기운이 모이면 목숨이 사는 것이고 천지의 기운이 흩어지면 목숨이 죽는 것이다. 그 기운을 모아 주는 것도 천지의 뜻이요, 그 기운이 흩어지게 하는 것도 천지의 뜻이다. 그래서 사람의 목숨은 하늘에 있다[人命在天]고 한다. 어디 사람의 목숨만 그렇겠는가. 파리의 목숨도 하늘에 있고 모기의 목숨도 하늘에 있다. 아무리 발버둥쳐도 그 누구도 영영 살 수는 없다. 천지가 머물라 하면 머물고 오라 하면 가야 한다. 이를 생사(生死)

니 왕래(往來)니 출입(出入)이니 유무(有無)라 한다. 이 또한 풀
무질이다.

3. 광요(光曜)·무유(无有)

이 우화는 시비를 떠나게 하는 경지를 체험하게 한다. 광요
(光曜)는 시간을, 무유(无有)는 공간을 표현하는 인물로 보자
는 설도 있다. 그러나 이 우화를 통해서는 시비에 걸려 있는
경지와 시비를 떠난 경지를 체험하는 것이 낫다는 생각이 든
다. 여기서는 있느니 없느니, 옳으니 그르니 하면서 시비하고
차별하려는 지식이 얼마나 얕은 생각인지를 살펴보게 한다.
얕은 생각을 깊게 하려면 시비의 벽을 허물어라. 이 우화는
이렇게 부탁한다.

광요(光曜)가 무유(无有)에게 물었다.

"당신은 있는 거요, 없는 거요?"

그러나 무유는 아무 대답도 하지 않았다. 이에 광요는 무유
의 생긴 모습을 찬찬히 바라보았다. 그러나 아득하고 텅텅 비
어 온종일 바라보아도 보이지 않고 들으려 해도 들리지 않고
잡으려 해도 잡히지 않자 광요가 탄식한다.

"지극하여라[至矣]. 어느 것이 무유(无有)보다 더 지극하겠

는가[其孰能至此乎]. 나는 무의 경지가 있다는 것만 알았지[予能有无矣]. 무조차 없는 경지는 미처 몰랐구나[而未能无无]. 있음과 없음에 이르러서[及爲无有矣] 내 어찌 무조차 없는 경지를 따라 이르겠는가[何從至此哉]."

무유는 시간이고 광요는 공간이라고 상상해 보면 존재한다는 것[有]이 결국엔 사람들이 고집하는 억지가 아닌가 싶어진다. 세상에 있는 것은 무엇이든 헛것[空]에 불과하다는 불가의 말이 생각난다. 불가는 공색(空色)이라 하고 도가는 유무(有無)라고 말하지만 이들을 둘로 보지 말라 함은 다 같다. 광요여, 시간을 두고 유(有)냐, 무(無)냐를 따져 시비를 걸지 말라. 그래서 노자는 우주 삼라만상을 일러 반자(反者)라고 했다. 왕래하는 것[反者]이니 있음과 없음을 둘로 나누어 시비하지 말라는 것이다.

공자도 군자는 화이부동(和而不同)하지만 소인은 동이불화(同而不和)한다고 했다. 군자는 서로 어울리되 패거리를 짓지 않지만[和而不同] 소인은 서로 패거리를 짓되 어울리지 못한다[同而不和]. 서로 어울리고 싶은가? 그렇다면 서로 시비(是非)를 떠나라. 시비란 호오(好惡), 정오(正誤), 승패(勝敗) 등의 욕(欲)에 불과할 뿐이다.

광요는 이 우화에서 있음[有]과 없음[無]이라는 시비의 경지에 걸려 있었음을 실토하고 무유(无有)가 시비의 경지를 떠나 있음을 터득해 가고 있다. 이런 과정이 곧 천지의 참모습[情]을 깨우치는 모습이다. 우리가 이 현장에 머문다면 세상은 분명 조용해질 것이다.

잡편

雜篇

경상초
庚桑楚

[요점] 첫머리 글귀에 나오는 노자의 제자 경상초(庚
桑楚)를 빌어 편명을 삼고 있다. 앞부분은 주로 노자의 무위자연을
따르는 우화들로 채워져 있다. 이 편은 인위적인 사려(思慮)를 버리
고 시비를 떠나라 한다. 이러한 떠남을 무(無)라고 여기면 된다. 뒤
로 가면 내편(內篇)의 〈소요유〉나 〈제물론〉에서 다루어진 내용을 되
풀이하는 경우가 많다. 그러나 결론적으로는 무(無)로 돌아가라 한
다. 천균(天均)에 머물러 쉬라 한다. 천균(天均), 위일(爲一), 대일(大
一)은 모두 무(無)의 모습을 일러 말함이다. 도가의 무(無)는 불가의
선(禪)을 연상케 한다. 어쩌면 천균(天均)이나 선정(禪定)은 다 같은
말이 아닐는지 모르겠다.

1. 경상초(庚桑楚)

초(楚)는 이름이고 경상(庚桑)은 성씨라고 한다. 노자의 제자라고 불리기도 하는 경상초(庚桑楚)는 노자의 가르침을 본받아 살려고 할 뿐이다. 그 가르침이란 도(道)에 머물러 사는데 있다. 이 우화는《노자(老子)》의 24장을 떠올려 준다.

'자현자불명(自見者不明) 자시자불창(自是者不彰) 자벌자무공(自伐者無功) 자긍자부장(自矜者不長).'

자기를 드러내는 사람은 어둡고[自見者不明] 제 주장만 옳다고 하는 사람은 남의 뜻을 얻지 못하며[自是者不彰] 제 자랑만 늘어놓는 자에게는 제 몫의 공마저도 없고[自伐者無功] 자기만 잘났다고 으스대는 사람은 오래가질 못한다[自矜者不長].

이 말은 우리를 비참하리만큼 부끄럽게 하는 내용을 담고 있다. 우리는 지금 자기 홍보의 시대에 산다면서 자화자찬(自畵自讚)하는 데 온갖 열정을 다하며 가련하게 살고 있는 까닭이다. 그러나 우화 속의 경상초를 보면 자신을 작게 하라[小私]고 한 노자의 참뜻을 조금이나마 알 수 있다. 자현(自見), 자시(自是), 자벌(自伐), 자긍(自矜)은 모두 나를 바람들게 한다. 나 자신을 풍선으로 만들어 둥둥 떠다니려고 하지 말라.

노자의 제자 중에 경상초라는 자가 있었다. 그는 노자의 도를 조금이나마 터득하고 북쪽의 외루(畏壘)라는 산속에 들어가 살았다. 그는 똑똑한 사람은 내보내고 어진 척하는 여자를 멀리하면서 못생기고 열심히 일하는 사람들과 함께 살았다. 이렇게 한 지 삼 년이 지나자 외루 땅에는 큰 풍년이 들었다. 그러자 외루 사람들은 처음에는 이상한 사람이라고 여겼던 분이 해를 거듭해 놀라운 업적을 일구어 냈다며 경상초를 칭송했다. 아마 성인에 가까울 거라고들 했다. 그러면서 어째서 경상초를 이 고을의 주인으로 삼아 받들어 모시지 않을 것이냐고 했다. 그러나 이 말을 들은 경상초는 남쪽을 향해 앉아 언짢아하고 어색해했다. 옆에 있던 제자들이 이를 이상히 여기자 경상초가 말했다.

"자네들이 어쩌자고 나를 이상히 여기는가. 봄기운이 일어나면 온갖 초목이 나오고 제대로 자라 가을이 오면 만물이 열매를 맺는 것은 당연한 것일세. 어찌 자연의 도를 얻지 않고 그럴 수 있겠는가. 덕이 지극한 사람은 작은 방 안에 숨어살아서 백성은 그런 사람이 있는지조차 모른다고 나는 들었다네. 그런데 지금 외루의 사람들은 나를 현인이라고 떠올리고 있다니, 내가 표적이 되야 한단 말인가? 그러면 노자의 말씀을 거역한 것이 되므로 내 언짢아하는 것일세."

경상초는 어떻게 사는 것이 노자의 도를 따라 사는 것인가를 새겨 보게 한다. 노자의 도가 바라는 삶을 말할 때는 보통 무위(無爲)로 살라느니 자연(自然)을 따라 살라느니 한다. 그렇다면 도대체 무위로 산다는 말을 어떻게 이해하면 되는가? 이를 풀기 위해서는 《노자》 24장에 나오는 내용이 가장 알맞을 것 같다는 생각이다. 그 요점은 이러하다.

'자기를 드러내는 사람은 어둡고[自見者不明] 제 주장만 옳다고 하는 사람은 남의 뜻을 얻지 못하며[自是者不彰] 제 자랑만 늘어놓는 사람에게는 제 몫의 공마저도 없고[自伐者無功] 자기만 잘났다고 으스대는 사람은 오래가질 못한다[自矜者不長].'

그러므로 노자의 도를 따라 살려면 다음의 네 가지 명령을 스스로 지키면 된다.

'자기를 과시하지 말라[不自見]. 제 주장만 고집하지 말라[不自是]. 제 자랑을 일삼지 말라[不自伐]. 자기를 과시하지 말라[不自矜].'

이 네 가지 명령을 줄여서 사불(四不)이라 간직해도 되고, 한마디로 묶어 잘난 체하고 나서지 말라[不敢爲先]는 말씀으로 새겨도 좋다. 이 말씀은 노자가 간직하고 있다며 자랑스럽게 밝힌 아유삼보(我有三寶)에 들어 있다. 노자가 자랑한 삼보(三寶)는 바로 검(儉)과 자(慈), 그리고 불감위선(不敢爲先)이다.

무위로 살고 싶은가? 그렇다면 무엇보다 검소하게 살라[儉]. 어미가 새끼를 사랑하듯 살라[慈]. 나아가 불감위선(不敢爲先) 하며 살라. 이렇게 사는 것이 곧 무위의 삶이다.

이 우화는 경상초가 무엇보다 불감위선의 가르침을 따라 살고 있음을 체험하게 한다. 그러나 이러한 경상초를 외루(外壘)의 사람들과 제자들은 미처 몰랐던 것이다. 우리 역시 노자의 도를 무시하고 살고 있으니 경상초를 못났다고 빈정거릴 것이 분명하다.

2. 남영주(南榮趎) · 노자(老子)

남영(南榮)은 성씨이고 주(趎)가 이름인 남영주(南榮趎)는 경상초의 제자라고 한다. 가르침을 청하는 남영주에게 경상초가 말한다.

"당닭(몸집이 작은 닭)은 고니의 알은 품을 수 없지만 촉닭(몸집이 큰 닭)은 품을 수 있소. 이는 닭의 성질이 서로 달라서가 아니라 능력이 다르기 때문이오. 나는 재주가 작아 당신을 감화시킬 수가 없소. 당신은 어째서 남쪽에 있는 노자를 만나보지 않는 것이오."

이에 남영주가 노자를 찾아가 가르침을 청하자 노자는 마치 선사(禪師)처럼 말해 준다.

"마음속을 닫아 버리고 바깥을 닫아 버리시오."

마치 선정(禪定)에 들라는 말과 같다. 이에 남영주는 대도(大道)를 배우기는 너무 벅차니 항상 올바른 삶의 법[衛生之經]을 먼저 배우고 싶다 한다. 그러자 노자가 남영주에게 설해 준다.

"항상 올바른 삶의 법[衛生之經]은 자연과 하나가 되는 것이고[能抱一乎] 그 하나를 잃지 않는 것이지요[能勿失乎]. 점괘 따위에 기대어 길흉을 점치지 않는 것이고[能无卜筮而知吉凶乎] 자연에 머물러[能止乎] 자연에 맡기는 것이오[能已乎]. 남의 일에 신경 쓰지 않고[能舍諸人] 자신을 살펴 구해야지요[而求諸己乎]. 그리하여 자신을 걸림 없게 하고[能翛然] 마음속을 텅 비워[能侗然乎] 어린아이가 되는 거요[能兒子乎]. 어린아이는 온종일 울어대도 목이 쉬질 않지요[兒子終日嗥而嗌不嗄]. 자연과 어울림이 지극하기 때문이지요[和之至也]. 종일 조막손을 쥐고 있어도 당기질 않지요[終日握而手不掜]. 자연의 덕과 함께 있기 때문이지요[共其德也]. 종일 노려보아도 눈이 깜박거리질 않지요[終日視而目不瞚]. 바깥 것에 사로잡히지 않는 까닭이지요[偏不在外也]. 가도 가는 바를 모르고[行不知所之] 살아도 할 바를 모르지요[居不知所爲]. 만물과 더불어 순응하면서[與物委蛇] 변화와 함께하는 까닭이지요[而同其波]. 이렇게 사는 것이 항상 바르게 사는 법이지요[是衛生之經已]."

이는 《노자》의 20장을 생각나게 한다.

'중인희희(衆人熙熙) 여팽태뢰(如烹太牢) 여춘등대(如春登臺) 아독박혜기미조(我獨泊兮其未兆) 여영아지미해(如嬰兒之未孩).'

뭇 사람들은[衆人] 흥겨워[熙熙] 소나 돼지를 잡아 구워 먹으며[烹太牢] 노들강변에 나가 놀이를 즐기듯 하지만[如春登臺] 나만 홀로 담박하고 무미하여[我獨泊兮其未兆] 아직 웃을 줄도 모르는 갓난아이와 같다[如嬰兒之未孩].

남들은 다 똑똑하게 산다 하지만 항상 바른 삶에는 멀다는 것이다. 갓난아이[嬰兒]의 심성(心性)을 버리지 말고 살아야 위생지경(衛生之經)이란 말이다. 위생(衛生)은 본래 심신을 맑고 깨끗이 한다는 뜻이다. 그러던 것이 지금은 몸에만 병균이 침입하지 않게만 신경 쓰면 된다는 뜻으로 어그러지고 말았다. 그러나 몸보다 마음속에 병균이 스며들지 못하게 하는 것이 위생(衛生)의 근본이다. 자연 그대로의 마음가짐을 일러 영아(嬰兒)에 비유하는 노자의 말을 귀담아 들어 둘 수 없을까?

포일(抱一)할 수 있는가[能抱一乎]? 그렇다면 위생(衛生)의 도를 다할 수 있다. 《노자》의 10장에 나오는 재형포일(載形抱一) 능무이호(能無離乎)라는 구절을 떠올렸으면 한다. 재형(載形)은 자연의 것[形]을 싣고 있다[載]는 말이다. 재형은 내 심신을 말한다. 그러니 내가 하나를 껴안아[載形抱一] 그 하나에서 떠나지 않을 수 있는가[能無離乎]? 하나란 물론 만물을 하나로 보는 자연의 도를 말한다. 시비와 차별을 떠나 모든 것을 하나로 보는 마음가짐이 곧 포일(抱一)이다. 그러한 포일의 삶은 어떤 삶인가? 노자는 이렇게 대답해 준다.

"낳아 길러 주되 소유하지 않고[生而不有] 일을 해 돕되 공치사를 않으며[爲而不恃] 잘되게 하면서도 다스리려 하지 않는다[長而不宰]."

이런 마음가짐과 행동을 곧 포일이라고 여기면 된다. 더할 바 없는 평등이 포일이요, 더할 바 없이 지극한 사랑이 포일이다. 그래서 노자는 포일을 일러 현덕(玄德)이라고 했다. 현덕(玄德), 상덕(常德), 전덕(全德)은 모두 포일의 모습이다. 포일하라. 그러면 누구나 위이(委蛇)한다.

여기서 위이(委蛇)의 이(蛇)는 뱀 사(蛇)가 아니라 뱀이 기어가는 것처럼 구불구불 갈 이(蛇)를 뜻한다. 지름길이나 샛길을 찾아 잔꾀를 부리지 말고 길이 허락하는 대로 따라 가라. 그러면 마음이 편하다. 마음이 편하면 든든하다. 이런 삶이 곧 위이(委蛇)의 삶이요, 포일(抱一)의 삶이요, 위생(衛生)의 법(法), 즉 경(經)이다.

서무귀
徐无鬼

[요점]　　　　　　이 편 역시 첫머리에 나오는 서무귀(徐无鬼)
를 따 편명을 삼고 있다. 다양한 우화들이 들어 있으나 각 우화끼리
서로 상관되지 못해 산만하다는 비난을 듣기도 하지만 그렇게 꼬집
을 것은 없다. 우화가 많으면 그만큼 등장하는 인물이 다양하게 마
련이다. 다양한 인물을 통해 이런저런 이야기를 듣는 것이 오히려
낫다.

본래 《장자》란 책은 유식(有識)해지라고 요구하지 않는다. 오히려
왜 무식(無識)해져야 삶이 편안한가를 터득하라고 한다. 노자의 절
학무우(絶學無憂)와 상덕부덕(常德不德)을 떠올려 주는 편이기도 하
다. 유식해지려는 배움을 끊어 버리면 걱정이 없고[絶學無憂] 변함없
는 덕은 베푼 척하지 않는다[常德不德]. '유식한 척하지 말라. 그것이
작은 지식인 줄 알라.' 이 편은 이렇게 우리를 친다.

1. 서무귀(徐无鬼) · 여상(女商)

서(徐)는 성씨이고 무귀(无鬼)는 자라고 한다. 이름은 족보
에 있고 자는 골목 사람들이 불러 주는 호칭이란 말이 있다.
서무귀(徐无鬼)는 위 나라의 은자(隱者)였다고 한다. 은자는
과시하지 않고 겸손하고 검소하게 사는 사람이다. 그냥 숨어
사는 사람은 은자라고 하지 않는다. 오히려 은자는 두려울 게
없어 하늘처럼 내놓고 산다. 죄를 진 놈이 숨어살 뿐이다. 들
판에 사는 이는 드러내 놓고 살지만 궁궐의 벼슬아치들은 숨
어살기를 택한다. 그래서 은자는 사람들을 비춰 주는 밝은 빛
이다. 이 편은 왜 서무귀가 은자인가를 체험하게 한다.

서무귀가 여상(女商)의 소개로 위 나라의 무후(武侯)를 만나
게 되었다. 무후가 서무귀를 위로한답시고 말했다.

"선생은 지쳤을 게요. 산중에서 고생하다가 할 수 없어서
나를 만나러 온 것이지요."

이에 서무귀가 대답했다.

"제가 임금님을 위로해 드리고 싶은데 어찌 임금께서는 나
를 위로하려 하십니까? 임금께서는 지금 바라는 바를 다 채우

기 위해 감정에 따라 일을 다 처리하려 하시는 탓에 본래의
참모습[性命之情]이 지쳐 있고, 욕망을 물리치고 호오(好惡)를
따지려 하시는 탓에 눈과 귀가 지쳐 있습니다. 그래서 제가
임금님을 위로하려고 하는데 임금께서는 어찌 저를 위로하려
고 하십니까."

이 말에 무후는 언짢은 듯 입을 다물었다. 잠시 후에 서무귀
가 다시 입을 열었다.

"시험삼아 제가 개를 감정하는 이야기를 여쭈어 볼까 합니
다. 질이 낮은 개는 먹기 싫어질 때까지 먹는데, 이는 고양이
의 본성과 같습니다. 중질의 개는 먹이를 해 바라보듯이 합니
다. 그리고 상질의 개는 스스로를 잊은 듯하고 먹이 따위에
움직이지 않습니다. 저는 개를 감정하는 것 이상으로 말을 잘
감정합니다. 제가 말을 감정한 바로는 앞니가 먹줄을 친 듯
곧고 목덜미가 그림쇠처럼 둥글며 머리는 곱자를 댄 듯하고
눈은 그림쇠로 그린 듯 둥근 놈이 제후의 나라에서는 상질에
드는 말입니다. 그러나 이런 말은 천하의 명마는 못됩니다.
천하의 명마란 천성이 저절로 갖추어져 있어 조용하면서도
안정돼 있으며 스스로를 잊어버린 듯합니다. 이런 말은 앞질
러 질풍처럼 달려도 먼지 하나 일으키지 않고 어디서 멈추는
지조차 모를 지경입니다."

이에 무후는 굉장히 기뻐하며 웃었다. 서무귀가 나오자 여

상이 물었다.

"선생께서는 임금께 무슨 이야기를 드렸습니까? 저는 임금께 어떤 때는 시서예락(詩書禮樂)을 여쭈었고, 또 어떤 때는 병서(兵書)를 여쭈어 도움이 될 때가 많았습니다만 아직까지 임금께서 이를 드러내고 웃으신 적은 한 번도 없었습니다. 그런데 선생께서는 무슨 이야기를 아뢰었기에 임금께서 저렇게 기뻐하며 웃는단 말입니까?'

이에 서무귀가 대답했다.

"나는 다만 내가 개나 말을 감정하는 이야기를 했을 뿐이오."

여상은 위 나라의 무후를 보필하던 높은 신하다. 그런데 왜 무후는 여상의 이야기를 듣고선 시무룩했고 서무귀의 이야기에는 기뻐했단 말인가? 여상은 오로지 임금을 유식하게 하기 위해 애썼고, 서무귀는 임금을 편하게 해 주기 위해 그저 편한 이야기를 했기 때문이다. 유식한 것은 사람을 묶는다. 자연스럽지 못한 까닭이다. 지식에 굶주리다 보면 정신이 살찌는 것이 아니라 오히려 병들어 씨든 잎새처럼 찌들고 만다. 여상이 여쭈었다는 시서(詩書)와 예락(禮樂), 병서(兵書)는 모두 인간이 만들어 낸 것들이다. 인간이 만들어 낸 즐거움을 인락(人樂)이라 하고, 하늘이 베푸는 즐거움을 천락(天樂)이라 한다. 여상은 인락을 알았고 서무귀는 천락을 알았던 것이다. 인락은 듣다 보면 따분해져 싫증이 난다. 그래서 인락은 유행을 탄다. 그러나 천락에는 유행이란 것이 없다. 바람 소리, 물소리, 흘러가는 구름과 들꽃, 벌레 그 어느 것 하나 천락의 연주자 아닌 것이 없다. 산하에 나가 보라. 거기가 곧 천락의 무대다. 서무귀는 그런 천락의 무대로 임금을 끌어내 준 셈이다. 그래서 임금은 기뻐서 웃은 것이다.

궁궐 안에 갇혀 사는 임금은 어쩌면 화분에 심어진 나무와 같다고 할 수 있다. 신하들은 날마다 화분 곁에 서서 물을 주고 영양제를 준다. 하지만 화분에 심어진 나무는 수풀에 사는 나무에 비할 바가 못된다. 수풀에 사는 나무는 자연(自然)이지만 화분에 심긴 나무는 인위(人爲)인 까닭이다. 화분은 나무를 불편하게 하고 수풀은 나무를 편하게 한다. 화분은 작은 지식[小知]이요, 수풀은 큰 지식[大知]이라고 비유해 생각하면 여상과 서무귀의 이야기를 견주어 볼 수 있으리라. 그래서 장자는 하늘은 구멍을 뚫고 인간은 구멍을 막는다고 했다. 대지(大知)는 숨구멍을 뚫고 소지(小知)는 그 구멍을 막는다. 소지는 인위(人爲)의 지식이요, 대지는 무위(無爲)의 지식이다. 여상은 임금의 숨구멍을 막는 이야기만 해 주어 지치게 했고, 서무귀는 숨구멍을 터 주는 이야기로 임금이 기뻐 입 벌려 웃게 했다.

2. 오 왕(吳王)·안불의(顔不疑)

이 우화는 특히 잘난 척하지 말라[不自矜]는 노자의 말을 생각해 보게 한다. 나아가 새삼 벗[朋友]의 참뜻을 새겨 보게 한다. 오만한 사람은 겸손한 사람을 얕보지만 겸손한 사람은 오만한 사람을 용서한다. 오만불손한 인간은 겁 없이 날뛰다 제명대로 살지 못한다. 만용(蠻勇)은 조금도 자랑할 것이 못된다. 그러나 세상에는 만용이 자랑거리인 양 거들먹거리는 못난이들이 많다. 그런 얼간이들은 이 우화를 알아듣지 못한다.

오 왕(吳王)이 강을 건너 원숭이들이 모여 사는 산으로 올라갔다. 이 광경을 본 원숭이들은 모두 두려워 자리를 떠나 급히 수풀 속으로 달아났다. 그런데 한 마리만이 유독 자신만만하여 날렵하게 나무를 타면서 보라는 듯이 재주를 부렸다. 심지어 왕이 화살을 날리자 재빨리 살을 낚아채 버리기까지 했다. 이에 왕은 시종에게 계속해서 활을 쏘아 대라고 했고, 원숭이는 결국 화살을 손에 쥔 채 죽고 말았다. 오 왕이 옆에 있던 안불의(顔不疑)를 돌아보며 말했다.

"이 원숭이는 제 재주를 자랑하여 민첩함을 믿고 건방을 떨다가 이 지경이 된 것이오. 이를 교훈 삼아 당신도 남들에게 거만한 얼굴로 오만하게 굴지 마시오."

그 후 안불의는 돌아가 현인이었던 동오(董梧)를 선생으로 모시고 여태까지 보였던 거만한 얼굴빛을 버리고 쾌락을 멀리하면서 벼슬자리도 버렸다. 그렇게 삼 년이 지나자 온 나라 사람들이 그를 칭송하게 되었다.

　성은 안(顏)이고 자가 불의(不疑)인 안불의(顏不疑)는 오 왕의 벗이었다고 한다. 그런 안불의는 임금이 벗이라는 사실 하나만 믿고 오두방정을 떨었던 모양이다. 본래 원님보다 아전이 건방떤다는 말이 있다. 그런 안불의에게 오 왕은 참벗이었던 셈이다. 벗이란 서로 사람이 되게 하는 사이를 말한다. 벗이라면 못된 놈이라고 해서 버리지 않는다. 못된 놈을 잘된 놈으로 바꾸어 주려는 정성이 벗의 마음가짐이다. 오 왕은 안불의에게 그런 정성을 보였던 것이다.
　안불의 역시 큰사람이었던 모양이다. 부끄러워 뉘우치는 사람은 큰사람이다. 본래 대인(大人)은 자신을 부끄러워할 줄 안다. 부끄러워할 줄 알아야 뉘우쳐 새롭게 태어날 수 있다. 안불의는 건방떨다 생죽임을 당한 원숭이의 경우를 통해 자신의 잘못을 뉘우치고 건방떨던 예전의 자신을 부끄러워했다. 그러므로 오 왕과 안불의가 서로 벗이었다는 말은 엄연한 사실이다. 만일 오 왕과 안불의가 동료였다면 오 왕은 벌써 그를 쫓아냈을 것이다. 동료는 이해(利害)로 만나기 때문에 달면 서로 손잡고 쓰면 뱉는 법이다. 그러나 벗은 못쓰게 된 그릇을 서로 고쳐 다시 쓰는 그릇 같은 사이다.

벗이 하나만 있어도 행복한 사람이 된다. 공자도 오죽했으면 멀리서 벗이 오니 즐겁다고 했겠는가. 서로 마음을 주고받을 수 있는 사이가 바로 벗이다. 백 명이 모였다 해도 모두가 벗 사이라면 단 한 명이 된다. 다른 마음이 없는 까닭이다. 한 마음이 곧 벗의 터전이다. 오 왕은 그 벗의 터전을 일구었고, 안불의는 그 터전에 새로운 씨앗을 심어 싹을 틔웠다. 오두방정을 떨던 범인(凡人) 안불의가 겸허한 현인(賢人)으로 다시 태어났으니 말이다.

즉양
則陽

[요점]　　　　　　이 편 역시 첫머리가 즉양(則陽)으로 시작돼 이를 따 편명으로 삼았다. 주로 대도(大道)를 말하고 있는데 대도는 인간의 지혜를 초월한 것으로, 자연(自然)이라고도 하고 무위(無爲)라고도 한다. 대도를 말하려고 하지 말라. 그러면 이미 대도가 아니다. 시비에 걸려 대도를 이러고저러고 저울질하지 말라. 그러면 대도가 아니다. 우리는 합리적인 것을 철석같이 믿고 산다. 그러나 이 편은 그런 믿음이 얼마나 허망한가를 체험하게 한다. 과학을 일변도로 맹종하면서 살아가는 삶이 허망한 까닭이 결국은 우리네 사고방식 안에 있음을 터득하라 한다.

1. 즉양(則陽) · 왕과(王果)

즉양(則陽)의 성씨는 팽(彭)이고 이름은 양(陽)이며 즉양은
자라 한다. 즉양은 노 나라 사람이었으나 제후에게 밀려나 초
나라로 와 문 왕 밑에서 벼슬자리를 구하려는 인물로 등장한
다. 벼슬에 굶주린 사람이 염치없기로는 예나 지금이나 다를
바가 없다. 정승집 개가 죽으면 가장 먼저 달려가지만 정승이
죽으면 나 몰라라 하는 떨거지가 바로 즉양과 같은 인간이다.
벼슬은 권력이고 권력은 고깃덩이와 같다. 그 덩어리에 들러
붙은 개미 같은 인간들은 언제나 있게 마련이다.

즉양이 초 나라에 왔을 때 이절(夷節)이 왕에게 와 즉양이
왔다고 알렸다. 그러나 초 임금이 즉양을 만나려 하지 않자
이절은 그냥 돌아가 버렸다. 이에 즉양은 초 나라의 현자인
왕과(王果)를 찾아가 물었다.
"선생은 어째서 나를 왕에게 천거해 주지 않는 겁니까?"
그러자 왕과가 대답했다.
"나는 공열휴(公閱休)만 못하오."
즉양이 공열휴가 누구냐고 묻자 왕과가 말했다.

"그는 겨울이면 강가에서 자라를 잡고 여름이면 산그늘에서 쉬오. 지나가는 사람이 묻기라도 하면 여기가 내 집이라고 말하지요. 이절도 이루지 못한 일인데, 하물며 내 어찌할 수 있을 것이오. 나는 이절만도 못하오. 대체로 이절의 사람됨은 덕은 없어도 지식은 많아 자연에 맡기질 않고, 이리저리 마음을 쓰지요. 그래서 이절은 부귀를 누리는 처지에 머물며 덕으로써 서로 돕지 않고 서로 덕을 지우고 있지요."

이 우화에는 두 갈래 인간형이 드러나고 있다. 즉양과 이절 같은 인간형, 왕과와 공열휴 같은 인간형이 그것이다. 이는 달리 말해 한사코 벼슬아치가 되려는 인간형과 벼슬자리를 팽개치고 자연을 따라 사는 인간형을 말한다. 즉 권력 지향형 인간과 권력을 멀리하는 인간형이다. 예나 지금이나 벼슬이 얹어 주는 권력은 부귀를 보장해 주는 앞잡이 구실을 한다. 그러니 권력을 탐하는 무리에게 정직(正直)하라는 말은 헛소리로 들릴 뿐이다.

나는 즉양의 패거리인가, 아니면 왕과의 이웃쯤이라도 될 수 있는가? 아마도 즉양의 무리에 드는 소인배란 생각이 들어 그 누구도 즉양을 두고 흉볼 처지가 못될 것이다. 내가 재물을 탐하는 것은 덮어두고 남이 그러면 탐욕스럽다고 입질하는 성질머리로 어찌 즉양에게 부귀영화를 쫓는 불나방 같다고 손가락질할 수 있겠는가 말이다. 그러지 말고 자연을 따라 살라. 이보다 더 우리를 부끄럽게 하는 말은 없을 성싶다. 자연 따라 살라는 말씀을 팽개치지 않고 부귀나 명성, 권력, 출세 등에 연연하지 말고 마음 편히 살라는 충고를 받아들여라. 이렇게만 해도 즉양과 같은 인간형은 너절할 것이고 왕과와 같은 인간형은 말끔하리란 것쯤은 알 만한 일이다.

2. 등항(登恒) · 용성씨(容成氏)

성인(聖人)은 누구인가? 성인달주무(聖人達綢繆) 주진일체(周盡一體)의 본인(本人)이다. 달주무(達綢繆)의 달(達)은 깨달아서 통하게 한다는 통달(通達)의 달(達)이고, 주무(綢繆)는 묶을 주(綢)와 묶을 무(繆)를 써서 꽁꽁 묶였음을 뜻한다. 성인은 그렇게 묶인 것을 훌훌 풀어 버려 자유로운 사람이다. 그래서 성인을 두고 현해(懸解)의 주인이라고 한다. 현해와 달주무는 같은 말이다. 무엇을 묶기 위해서는 밧줄이 있어야 한다. 시비(是非), 분별(分別), 호오(好惡), 선악(善惡), 귀천(貴賤) 등은 모두 사람을 꽁꽁 묶어 버리는 밧줄이다. 이런 밧줄을 사정없이 끊어 버리고 걸림 없이 사는 사람을 일러 성인이라고 한다. 물론 성인은 자신을 성인이라고 칭하지 않는다. 세상이 그렇게 부를 뿐이다. 아래의 우화는 등항(登恒)과 용성씨(容成

氏)라는 두 성인을 등장시켜 소중한 이야기를 들려준다.

　무릇 성인에게는 처음부터 하늘도 없고[夫聖人未始有天] 사람도 없으며[未始有人] 시작도 없고[未始有始] 사물도 없다[未始有物]. 성인은 세상과 더불어 함께 행하면서도 자신을 버리지 않고[與世偕行而不替], 하는 일마다 완전하여 가로막히지 않는다[所行之備而不洫]. 이는 도와 하나가 된 것이니[其合之也] 이를 어찌하겠는가[若之何]. 탕 왕은 사어문윤의 관직에 있던 등항(登恒)을 맞이해[湯得其司御門尹登恒] 스승으로 삼아[爲之傅之] 스승을 따라 걸림 없이[從師而不囿] 스승이 하는 대로 다했기에[得其隨成] 임금 노릇을 제대로 할 수 있었다[爲之司其名]. 공자도 생각을 없애고[仲尼之盡慮] 진려(盡慮)하기를 선생으로 삼았던 것이다[爲之傅之]. 그래서 용성씨(容成氏)가 이렇게 말한 것이다[容成氏曰]. 하루하루를 젖혀 버리면 세월도 없어지고[除日無歲] 안이 없으면 밖도 없다[無內無外].

　성인(聖人)에게는 지위라는 것이 없다. 그래서 성인에게는 고하(高下)도 없고 존비(尊卑)도 없고 귀천(貴賤)도 없고 선악(善惡)도 없다. 이런 것들은 모두 시비와 호오, 진위를 낳아 사람을 묶는 밧줄이다. 이런 밧줄을 모조리 잘라 버려 자유로운 사람을 성인이라 부른다. 그런 분이 등항이요, 용성씨이니 이 우화는 그 둘을 성인으로 등장시켜 유가를 비웃고 있다.

유가는 탕 왕(湯王)을 성왕으로 받들고 공자(孔子)를 성인으로 모신다. 그런데 이 우화는 탕 왕과 공자는 둘 다 성인이 아니라 성인의 제자라고 한다. 탕 왕은 성인인 등항의 제자이고 공자는 노자의 제자라는 느낌을 갖게 한다. 공자가 생각하기를 그만두었다[仲尼之盡慮] 함은 노자의 절학무우(絶學無憂)와 같기 때문이다. 그래서 이 우화는 노자의 스승이라는 설이 있는 용성씨를 뒤따라 등장시킨 것이 아닌가 싶다.

물론 유가와 도가의 논쟁을 주목하자는 것은 아니다. 다만 제일무세(除日無歲)요, 무내무외(無內無外)라는 용성씨의 말귀를 귀담아 두었으면 싶다. 어제 일로 오늘을 잡치지 말 것이며, 오늘 일로 내일을 걱정할 것 없다 함이 곧 제일(除日)이다. 그렇게 산다면 사는 일이 항상 한결같아 오는 세월, 가는 세월 가릴 게 없다 함이 곧 무세(無歲)다. 걸림 없이 살라 함이 곧 제일무세(除日無歲)인 것이다.

속[內]이 없으면 밖[外]도 없다[無內無外]. 여기서의 속은 마음[心]이라 해도 되고 나[我]라고 보아도 된다. 또한 여기서의 밖은 사물[事物]이라 해도 될 것이다. 내 마음속에 감추거나 숨길 것이 없다면 내 마음 밖에 있는 사물이 나를 유혹할 리 없다. 돈이란 것[外]에 내[內]가 유혹당하지 않는다면 어찌 돈이란 밧줄에 묶인 죄로 내 한 몸을 감방 속으로 몰아넣을 것인가.

성인에게는 하늘이 없다 함은 하늘이 그 누구의 것도 아니
라는 말이다. 그러니 하늘에 나를 보살펴 달라고 빌지 말라.
하늘은 무사(無私)하니 편애하지 않는다 함이 곧 성인미시유
천(聖人未始有天)이다. 성인에게는 미운 사람, 고운 사람이 따
로 없으니 애증이 있을 리도 없다 함이다. 성인에게는 생사
(生死)가 여일(如一)하므로 시작도 끝남도 없으니 성인미시유
시(聖人未始有始)이고, 성인에게는 시비, 분별, 귀천 따위가 없
으니 성인미시유물(聖人未始有物)이다. 이러한 성인이므로 성
인달주무(聖人達綢繆)라 하고 주진일체(周盡一體)라 한 것이
다. 그러나 이러한 성인을 깡그리 잊고 사는 탓에 우리네 세
상은 늘 시끄럽고 너절하고 더럽다.

3. 대진인(戴晉人) · 혜 왕(惠王)

이 우화에는 유명한 달팽이[蝸]의 고사(故事)가 등장한다.

위 나라의 혜 왕(惠王)과 제 나라의 위 왕(威王)은 서로 싸우
지 않기로 굳게 약속했다. 그런데 그만 위 왕이 먼저 그 약속
을 깨 버렸다. 그러자 혜 왕이 자객을 보내 위 왕을 죽이려 한
다는 소문이 돌았다. 공손연(公孫衍)은 이 말을 듣고 혜 왕에
게 어찌 제 왕이 자객을 보낸단 말이냐고 하면서 자기에게 군

사를 내주면 위 왕을 박살내겠다고 장담했다. 이 말을 들은 계자(季子)는 부끄럽다며, 혜 왕에게 싸우자고 하는 공손연은 난리를 일으키는 인물이니 그 자의 말을 듣지 말라고 진언했다. 이 말은 들은 화자(華子)는 부끄럽게 여기며, 혜 왕에게 제나라를 치자는 자[公孫衍]도 난리를 일으키는 자이고 치지 말라고 하는 자[季子]도 난리를 일으키는 자이며, 이 두 갈래를 들어 말하는 자[華子] 역시 난리를 일으키는 자라고 고했다. 어리둥절해진 혜 왕이 그러면 어찌하면 되겠느냐고 묻자 화자가 대답했다.

"임금께서는 도(道)만 구하시면 될 뿐입니다[君求其道而已矣]."

이 소문을 들은 혜자(惠子)가 혜 왕으로 하여금 대진인(戴晉人)을 만나게 했다.

대진인(戴晉人)이 물었다.

"임금께서도 달팽이(蝸牛)를 아시겠지요?"

혜 왕이 물론 안다고 하자 대진인이 이야기를 이어 나갔다.

"달팽이의 왼쪽 뿔에는 촉씨(觸氏)라는 나라가 있고 오른쪽에는 만씨(蠻氏)라는 나라가 있답니다. 그런데 마침 이 두 나라가 땅을 두고 전쟁을 하게 되었답니다. 그 결과 주검이 수만 구나 쌓였고, 패군(敗軍)을 뒤쫓다 열닷새 만에야 되돌아왔답니다."

이 이야기를 들은 혜 왕이 말했다.

"아, 그 이야기는 거짓말이군요."

그러자 대진인이 물었다.

"그렇다면 제가 임금님을 위해 실제로 있었던 일을 말해 보겠습니다. 임금님께서는 사방 상하의 이 공간이 끝이 있다고 여기십니까?"

"끝이 없지요."

대진인이 다시 물었다.

"그러시다면 정신을 무한한 공간에 노닐게 할 줄 알면서 이 유한한 땅을 돌이켜 본다면 나라 따위는 있으나마나 한 하찮은 것입니다."

혜왕이 말했다.

"그러네요."

다시 대진인이 물었다.

"유한한 이 땅 위에 위 나라가 있고 그 속에 양(梁)이라는 고을이 있으며 양(梁) 속에 왕이 있습니다. 그렇다면 왕과 만씨 사이에는 구별이 있다는 겁니까?"

이에 혜 왕이 구별이 없다고 대답하자 대진인은 물러 나갔고, 혜 왕은 우두커니 멍한 상태로 앉아 있었다. 그때 혜자가 혜 왕을 만나기 위해 들어왔다. 혜 왕이 말했다.

"저 나그네는 뛰어난 인물이오. 성인이라도 그를 당하지 못할 것이오."

혜자가 대답했다.

"피리를 불면 높고 큰 소리가 납니다만 칼자루 끝의 구멍을 불면 획획 작은 소리만 납니다. 사람들이 아무리 요순을 칭송하지만 대진인 앞에서 요순을 말한다는 것은, 비유하건대 획 소리에 불과하답니다."

이 우화에서는 여러 인물을 등장시키고 있다. 위의 이야기는 그중 뒷부분에 해당한다. 앞부분에는 혜 왕, 공손연, 계자, 화자가 나오는데, 혜 왕은 앙갚음을 품고 공손연과 계자는 공(功)을 다투고 화자는 시비를 따지는 인간형을 체험하게 한다. 이런 자들은 모두 난리(亂離)를 들먹이는 무리들이다. 혼란스럽게 하여 본성에서 멀어지게 하는 무리를 난인(亂人)이라 한다. 이런 난인을 소리 없이 물리쳐 주는 사람을 성인(聖人)이라고 한다. 난인은 유한(有限)한 것에 매달리고 성인은 무한(無限)한 것에 안긴다.

시비라면 뭐니뭐니해도 혜자가 으뜸이다. 논변을 일삼는 명가(名家)의 우두머리 격인 혜자가 이 우화에서는 시비를 멀리하는 모습을 보여 준다. 그러나 이 역시 명가를 교묘하게 꼬집고 있는 것이다. 나아가 요와 순을 성인의 반열에 놓는 유가를 대진인을 빌어 혜자로 하여금 꼬집게 한다. 끝이 있고 시비를 잇는 인간의 것이란 아주 작은 것이다. 그런 작은 것을 두고 아웅다웅하다 아까운 목숨이 버려진다는 것이 얼마나 못난 짓이냐고 하며 대진인이 혜 왕을 면박하고 나가 버렸다는 이 우화는 그냥 웃어넘길 수 없는 뜻을 지니고 있다. 와우각상(蝸牛角上), 즉 달팽이 위의 싸움이라는 이 고사를 되새긴다면 살아가면서 우리네 도량도 그만큼 넓어지고 깊어 커질 수 있을 것이다.

4. 소지(少知)·대공조(大公調)

소인(小人)이 있고 대인(大人)이 있다. 소인을 풀이한다면 소지(少知)라 할 수 있고 대인을 풀이한다면 대공조(大公調)라 할 수 있을 것이다. 이 우화에서도 소지는 소인을 살피게 하는 인물로 등장하고, 대공조는 대인을 새겨 보게 하는 인물로 등장한다. 물론 이 세상에 대인이란 없다고 보아도 된다. 이 세상은 소인배의 현장이라고 생각하는 것이 오히려 솔직하다. 나도 소인, 너도 소인, 우리 모두 소인의 성질머리로 사는 까닭이다. 그러나 그렇다 치더라도 우리 모두 소인인 것을 조금이나마 부끄러워할 줄 안다면 살아가는 일이 그만큼 가볍고 맑고 밝아질 수 있다. 그래서 이 우화 속의 대공조라는 인

물은 우리를 서글프게 한다기보다는 뉘우치게 하는 선생이
되어 준다.

　소지(少知)가 대공조(大公調)에게 물었다.
　"마을마다의 소문이라는 것이 무엇입니까?"
　대공조가 말했다.
　"소문을 만들어 내는 마을이란 백 가지 성씨와 백 가지 이
름을 지닌 자들이 모여 한 풍속을 일구는 것이다. 각각 다른
것들이 합쳐져 하나가 되면서도 흩어지면 각각 다른 것이 된
다. 비유해 말하건대, 한 마리 말의 몸을 각 부분을 들어 말한
다면 말이라고 할 수 없다. 그러나 말의 각 부분을 합친다면
말이라 할 수 있다. 언덕이나 산은 낮은 흙과 돌이 쌓여 높아
진 것이고, 강이나 냇물도 작은 개울이 합쳐져 커진 것이다.
대인은 작은 차이들을 합쳐 하나로 만든다. 밖에서 들어오는
남의 의견이 있으면 자기가 주장할 것이 있어도 고집하지 않
고, 안에 자기 의견이 있어 그것이 정당하다 해도 남의 의견
을 막지 않는다. 또한 대인은 어느 한쪽 편을 돌보지 않으므
로[大人不賜] 덕이 갖추어진다[德備矣]. 천지 만물은 제각각 도
리를 달리하지만[萬物殊理] 도는 어느 하나를 가까이하지 않으
므로[道不賜] 이름이 없고[故无名] 이름이 없으므로[无名] 하는
일이 없고[故无爲] 무위하여 하지 못할 것이 없다[无爲而无不

爲]. 때는 시작과 끝이 있고[時有終始] 세상에는 변화가 있다[世有變化]. 불행과 행복은 변덕스러워[禍福淳淳] 한쪽에서 어그러지면[至有所拂者] 다른 편에서는 마땅하게 마련이다[而有所宜]. 각자가 따르는 성향이 다르기 때문에[自殉殊面] 한쪽에서 옳다고 하는 것이[有所正者] 다른 쪽에서는 그르다 하게 된다[有所差]. 그러나 큰집을 비유해 보건대[此於大宅], 온갖 크고 작은 재목들이 모두 알맞고[百材皆度] 큰산을 바라보면[觀乎大山] 나무와 돌이 한 터전에 있다[木石同壇]. 소문이란 이런 것이다[此之謂丘里之言]."

대인불사(大人不賜). 이는 노자의 천지불인(天地不仁)을 먼저 떠올리게 한다. 불인(不仁)은 불사(不賜)다. 즉 편들어 주지 않는다 함이 불인이요, 불사다. 무사(無私)와 무친(無親) 역시 같은 말씀이다. 그러니 팔이 안으로 굽는다고 하지 말라. 그러나 소인의 팔은 안으로 굽기를 좋아해 편가르기를 하여 내 편, 네 편을 정해 다투고 시샘하며 시비를 건다. 따지고 보면 소문이란 결국 사소한 것들이 시비의 냄새를 피우는 바람과 같다. 그에 따라 울긋불긋 하는 것이 소인이고 소문이 어떠한들 아랑곳없이 한결같은 것이 대인이다. 대인은 어느 편도 들지 않는다. 그래서 대인을 일러 대공조(大公調)라 하는 것이다.

대(大)란 곧 하나[一]라는 말이다. 대(大)는 일(一)이다. 시비의 분별이 없음이다. 공(公)은 정(正)이다. 이 또한 시비의 분별이 없음이다. 대일(大一)하고 공정(公正)함을 일러 조화(調和)라 한다. 여럿이 조화를 이루어 하나 됨을 일러 무명(無名)이라 하기도 하고 무위(無爲)라 하기도 한다. 나아가 불인(不仁)이라 하기도 하고 불사(不賜)라 하기도 하며 무사(無私)니 무친(無親)이라 하기도 한다. 이는 모두 편을 갈라 편들지 말라 함이다. 그러나 소인은 한사코 편을 갈라 편들기를 하면서 피아(彼我)를 정해 다투려 한다. 그러나 대인의 품에는 이런 다툼이 없다. 그래서 도불사(道不私)라 한다. 장자는 이를 무기(無己)라 했다. 나를 없애라[無己]. 그러나 소인은 결코 무기(無己)할 수 없다. 그래서 소인만 있고 대인이 없는 곳을 일러 시정(市井)이라 하는 것 아니겠는가.

외물
外物

[요점]　　　이 편 역시 첫머리에 나오는 외물(外物)이란 말을 따서 편명을 삼았다. 외물(外物)이란 내 밖에 있는 사물(事物)을 말한다. 외물은 나를 집착하게 한다. 그러한 집착 탓에 자연이란 참모습[情]을 잃어버린다. 그리하여 나는 외물에 구속당해 자연이 마련해 준 자유[天遊]를 잃고 산다. 이 편에서는 인간이 말하는 합리성(合理性)이 인간의 참모습을 앗아간다고 지적한다. 인간의 지식이 얼마나 작은 것인지를 깨치지 못해 인간의 참모습[人情]을 잃어버린다고 본다. 이 편은 결국 대지(大知)를 말하고 무용(無用)을 말하며 불언(不言)을 말해 자득(自得)의 길을 떠나지 말라 한다. 자득(自得)의 길을 걷는 사람을 일러 진인(眞人)이라 부른다.

비간(比干)·오래(惡來)

사필귀정(事必歸正)이라는 말은 때론 맞기도 하고 때론 틀리기도 한다. 사필귀정의 사(事)가 인간의 짓이라면 이 말은 한낱 바람에 불과할 뿐이다. 그러나 그 사(事)가 천지의 일이라면 바르냐[正], 그르냐[邪]를 따질 것도 없다. 천지의 일은 이미 상덕(常德)인 까닭이다. 그러나 사람의 일[人事]에는 늘 사친(私親)이 끼어들고 이해(利害)가 걸려들어 바라는 대로 되지 않는다. 오죽하면 인간의 일을 일러 새옹지마(塞翁之馬)라 했겠는가. 이처럼 인간의 뜻이 얽힌 외물(外物)이란 필연적일 수 없다.

외물이란 필연적일 수 없다[外物不可必]. 그래서 용봉은 주살당했고[故龍逢誅] 비간은 살육당했으며[比干戮] 오래 역시 제 명대로 살지 못했고[惡來死] 기자는 미친 척하며 살았고[箕子狂] 폭군이었던 걸(桀)도 망했고 주(紂)도 망했다[桀紂亡]. 임금은 신하가 충성스럽기를 바라지만[人主莫不欲其臣之忠] 그렇다고 신하의 충성이 반드시 임금의 신임을 받는 것은 아니다[而忠未必信]. 그래서 오원의 주검은 강물에 흘러갔고[故伍員流於

江] 장홍은 촉 땅에서 목숨을 끊어[萇弘死於蜀] 묻힌 지 삼 년이 지나자[藏其血三年] 그 피가 변해 옥이 되었다[而化爲碧]. 부모는 자식이 효도하기를 바라지만[人親莫不欲其子之孝] 자식의 효성이 반드시 부모의 사랑을 받는 것은 아니다[而孝未必愛]. 그래서 효기는 괴로워했고[故孝己憂] 증삼은 슬퍼했다[而曾參悲].

폭군(暴君)과 충신(忠臣), 간신(奸臣) 이 셋은 항상 물고 물린다. 중국의 역사에서 폭군의 대명사는 걸(桀)과 주(紂)이고 간신의 대명사는 오래(惡來)이며 충신의 대명사는 용봉(龍逢)과 비간(比干), 기자(箕子), 오원(伍員), 장홍(萇弘)이다.

폭군은 방탕하여 자기밖에 모른다. 그래서 자기에게 거치적거리면 모조리 죽여 버린다. 마치 파리채를 들고 파리를 잡듯이 사람의 목숨을 앗아간다.

하(夏) 나라의 마지막 왕이었던 걸(桀)은 바른 말을 올린 용봉(龍逢)을 찢어 죽였고, 상(商) 나라의 마지막 왕이었던 주(紂)는 자신의 숙부였던 비간(比干)의 몸에 일곱 개의 구멍을 내서 강물에 던져 물고기 밥이 되게 하였고 주(紂)의 행패가 두려워 미친 척하고 살던 기자(箕子)를 잡아 죽였다. 그런 주 밑에 빌붙어 영화를 누리려던 간신 오래(惡來) 역시 결국엔 주와 함께 생죽음을 당하고 말았다.

오(吳) 나라의 왕이었던 부차(夫差)도 폭군이었다. 바른 말을 올린 오원(伍員)은 모함을 받아 그 시체가 강물에 버려졌고 장홍(萇弘)은 촉(蜀) 나라로 도망쳤으나 하도 억울해 배를 갈라 자살했다. 촉 나라 사람들이 그 주검을 묻어 주었더니 삼 년이 지나자 푸른 옥이 되어 장홍의 정성이 지극하다는 말을 들었다.

부자유친(父子有親)도 불가필(不可必)이다. 아비가 자식을 사랑하면 자식도 아비를 사랑한다는 것을 천륜(天倫)이라고 주장하는 것은 유가의 입장이다. 상 나라 고종의 아들인 효기(孝己)는 효성을 다했지만 결국엔 계모의 박대를 받아 죽고 말았다. 이처럼 인간사에 있어 사필귀정이란 말은 한낱 소망일 뿐이다.

공자의 제자였던 증삼(曾參)은 부모의 미움을 받아 매를 맞아 죽을 지경에 이르자 너무나 슬퍼 울었다 한다. 증삼은 공자의 제자로서 효(孝)를 백행(百行)의 으뜸으로 쳤지만 제 부모에게 박대를 받았다니 이 얼마나 불가필(不可必)인가.

왜 인간의 일이란 이렇게 변덕스럽단 말인가? 본성(本性)을 어기고 저마다 외물(外物)의 유혹인 집착에 매달린 까닭이다. 그래서 외물에 매달리지 말라고 하는 것이다. 이제 왜 성인(聖人)이 달주무(達綢繆)하는지 알 만하다. 외물 따위에 묶이지 말라[達綢繆]. 물론 아무리 외물이란 밧줄로 자기를 묶지 말라 한들 소용없을 것이다. 너나 할 것 없이 외물의 제왕(帝王)을 맹종하며 사는 까닭이다. 외물의 제왕을 돈이라고 한다. 우리는 이미 돈이란 폭군 앞에 기꺼이 간신 노릇을 하고 있다. 그래서 우리는 날마다 편치 못하다. 하여튼 돈이란 폭군 탓에 우리는 충신이든 간신이든 상관없이 날마다 생죽음을 당하고 산다.

우언
寓言

[요점]　　　　　이 편의 첫머리에 나오는 우언(寓言)이란 말
을 따서 편명을 삼았다.《장자》라는 책에 장자가 붙여 둔 자서(自序)
가 아닌가 싶을 만큼 전편에 걸쳐 통하는 요지를 담고 있다. 여기서
는 인간의 언지(言知)를 버리고 교만(驕慢)을 벗어나라 한다. 노자의
말을 빌린다면 견소포박(見素抱樸)하라는 것이다. 꾸미지 말고 자연
을 따르라[見素抱樸]. 자연에 순응하라. 이는 곧 무위(無爲)하라는 말
이다. 그래서 노자는 어린아이[嬰兒]가 되라 했다. 이에 장자는 천예
(天倪), 즉 자연대로 따르라[天倪] 했다. 이는 곧 갓난아이[嬰兒]의 심
성으로 살라 함이다. 그러나 과연 이런 요구가 우리에게 통하겠는
가? 물론 불가능한 줄 안다. 그러나 하루에 단 한 번만이라도 이런저
런 것들을 다 털어 버리고 어머니의 품을 찾아보라. 그러면 누구나
갓난아이가 될 수 있을 것이다.《장자》라는 책은 마치 어머니의 품
안과 같다. 그러나 이는 내 경험을 통한 실토일 뿐 학문적으로 논증

하자는 말은 아니다.

[우언의 인물들]

망양(罔兩)·경(景)

망양(罔兩)은 그림자의 바깥에 아주 엷게 생기는 또 하나의
그림자를 말한다. 반대로 경(景)은 또렷하게 나타나는 그림자
[影]를 말한다. 그러니 선명도의 차이일 뿐 경(景)도 그림자요,
망양(罔兩)도 그림자인 셈이다. 중망양(衆罔兩)은 엷은 그림자
가 여럿이라는 말이다. 달무리를 떠올리면 중망양이 어떤 것
인지 선연해질 것이다. 이 우화는 두 개의 그림자를 인물로
등장시켜 경(景)으로 하여금 망양에게 순응(順應)이 어떤 경지
인가를 깨우치게 한다. 그림자야말로 순응을 체험하게 하는
둘도 없는 상징이 아니겠는가.

여러 개의 망양(罔兩)이 그림자에게 물었다.
"당신은 조금 전에는 아래를 보더니[若向也俯] 지금은 위를
향하고 있고[而今也仰] 아까는 머리를 묶고 있더니[向也括] 지
금은 머리를 풀어헤치고 있고[而今而被髮] 아까는 앉아 있더니
[向也坐] 지금은 서 있고[而今也起] 아까는 가더니[向也行] 지금

은 멈춰 있으니[而今也止] 어째서 그렇습니까[何也]?"

그림자[景]가 대답했다.

"시시하고 자질구레한 질문을 다 하는군. 나는 존재하고 있지만 어째서 그런지 모르오[予有而不知其所以]. 나는 매미의 허물 같은 것이거나[予蜩甲也] 뱀의 허물과 같은 것이지요[蛇蛻也]. 그러나 내가 그와 같다 해도 바로 그것은 아니지요[似之而非也]. 나는 불빛과 햇빛에서는 나타나지만[火與日吾屯也] 그늘과 밤에는 나는 나타나지 않아요[陰與夜吾代也]. 이처럼 불빛과 햇빛, 그늘과 밤은 나와 서로 작용하니까 자유롭지 못하지요[彼吾所以有待邪]. 하물며 서로 기대니 어쩔 수 없지요[而況乎以有待者乎]. 그것들이 오면 나도 그것들을 따라 오고[彼來則我與之來] 그것들이 가면 나도 따라 가오[彼往則我與之往]. 그것들이 요동치면 나도 따라 요동치지요[彼强陽則我與之强陽]. 요동치는 것을 두고 또 무엇이라 물을 수 있단 말이오[强陽者又何以有問乎].

나를 졸졸 따라 다니는 내 그림자는 과연 있는 것인가 없는 것인가? 내가 햇빛을 받으면 내 그림자는 나타나고 내가 그늘로 들어가면 내 그림자는 사라진다. 그림자는 나를 따라 빛이 있으면 있고 빛이 없으면 없다. 그러니 그림자와 빛은 서로 의지하는 관계다. 이처럼 서로 의지하는 것을 일러 유대(有待)

라고 한다.

그러나 빛이 있어도 내가 없다면 내 그림자는 없다. 그러니 내 그림자는 나를 떠날 수 없다. 내 그림자에게 있어 나는 천지요, 자연이요, 도인 셈이다. 내 그림자는 빛 속에서 내가 하는 대로 따라한다. 그러나 나는 그늘에 있어도 내 그림자는 그늘에 없다. 빛 속의 내 그림자가 유(有)라면 그늘 속의 내 그림자를 무(無)라고 할 수 있을까? 하여튼 내가 없는 내 그림자란 없다. 그러니 내 그림자를 있게 한 나는 내 그림자의 도인 셈이다. 나아가 내 그림자를 없게 한 나 또한 내 그림자의 도이다. 노자가 왜 도를 신비로운 암말[玄牝]에 비유했는지 알 만하다. 현빈(玄牝)은 만물의 어머니라는 말이겠다. 그렇다면 나를 낳아 준 것도 결국엔 도가 아닌가. 그러한 도를 일러 자연이라 한다. 이제 왜 자연에 순응(順應)하라 하는지 알 만하다.

자연을 따라 살라[順應]. 순응이란 흉내짓이 아니다. 귀사모(貴食母)하라는 말씀이다. 먹여 줄 사(食)와 어미 모(母)를 쓴 사모(食母)는 천사(天食)를 뜻한다. 하늘은 나를 먹여 키우고 길러 준다[天食]. 그러니 하늘을 따라 살라는 것이 곧 순응이다. 무위(無爲)는 천지가 바로 내 어머니라는 마음가짐에서 비롯된다. 순응하라. 무위하라. 그리고 사천, 즉 하늘을 받들라. 왜 그래야 하는가? 천사(天食)인 까닭이다.

천사(天食)의 천(天)은 천지(天地)요, 자연(自然)이요, 무위(無爲)라는 도(道)를 일컫는다. 우리가 먹는 밥, 마시는 물, 숨 쉬는 바람 이 모든 것을 누가 주는가? 틀림없이 천지가 준다. 이 말을 곰곰이 생각해 보라. 그러면 그림자[景]가 엷은 그림자[罔兩]에게 들려주는 이야기가 곧 순응임을 새겨들을 수 있을 것이다.

양왕
讓王

[요점]　　　　이 편의 첫머리에는 요(堯)와 순(舜)이 허유 (許由)에게 천하를 물려주려는 이야기가 나온다. 그래서 양 왕(讓王) 이라는 편명이 붙었다. 이 편을 두고 내용이 조잡하다 하지만 그렇 게 비판할 것까지는 없다. 《장자》라는 책은 어떤 논저(論著)가 아니 다. 그러므로 논지(論旨)가 있느냐 없느냐를 두고 크게 험담할 것은 못된다. 그냥 그 속에 있는 우화를 체험하여 시비의 구속으로부터 마음을 풀려나게 하여 삶의 자유를 만끽하는 것으로 충분하다. 하여 튼 〈양왕〉 편에 나오는 이야기들이 《열자》에도 나오고, 〈회남자(淮 南子)〉에도 나오는 탓에 이런저런 말을 듣는 편이다.

1. 자화자(子華子)·소희후(昭僖侯)

자화자(子華子)는 앞서 〈즉양〉 편에 나왔던 화자(華子)다. 위
나라 사람으로, 현인이었다 한다. 소희후(昭僖侯)는 한(韓) 나
라의 임금이다. 여기서는 자화자가 목숨보다 더 소중한 것은
없다는 것을 설파한다. 물론 틀림없는 말이다. 그러나 우리는
말로는 목숨보다 더 중한 것이 없다 하면서도 실제로는 목숨
을 괴롭히는 짓들을 마다하지 않는다. 욕망(慾望)이 목숨을
괴롭히는 병균임을 알면서도 그 욕심을 버리지 못한다. 권력,
부귀, 명성, 출세 등이 목숨을 해친다고 하면 곧이들을 사람
이 별로 없을 것이다. 그러나 소희후는 알아들었으니 현명한
임금이었던 셈이다.

한 나라와 위 나라가 침략한 땅을 두고 서로 다투고 있었다.
자화자가 소희후를 찾아뵈었을 때 소희후의 안색은 걱정으로
가득했다. 자화자가 말했다.

"지금 천하로 하여금 임금님 앞에서 서약서를 쓰도록 했다
고 하고, 그 서약서에 이런 내용이 있다고 치시지요. '왼손으
로 서약서를 잡으면 오른손을 없애고[左手攫之則右手廢] 오른

손으로 잡으면 왼손을 없앤다[右手攫之則左手廢]. 그런데 그 서약서를 움켜쥐는 자에게는 반드시 천하가 돌아간다[然而攫之者必有天下].' 이럴지라도 임금께서는 서약서를 잡을 수 있겠습니까[君能攫之乎]?"

소희후가 대답했다.

"나는 잡지 않겠다[寡人不攫也]."

다시 자화자가 물었다.

"매우 좋습니다[甚善]. 이런 것으로 미루어 보건대[自是觀之], 두 팔은 천하보다 더 소중합니다[兩臂重於天下也]. 몸은 두 팔보다 더 중합니다[身亦重於兩臂也]. 한 나라는 천하보다 훨씬 가볍습니다[韓之輕於天下亦遠也]. 지금 서로 다투는 것[今之所爭者] 역시 한 나라보다 훨씬 가볍습니다[其輕於韓又遠]. 그러하건대 임금께서는 몸을 근심스럽게 하고 목숨을 상하게 하고 있습니다[君固愁身傷生]. 그렇게까지 땅덩어리를 잃는 것을 괴로워하시겠습니까[以憂戚不得也]?"

소희후가 대답했다.

"정말 좋구나[善哉]. 나를 가르치려는 자는 많았지[敎寡人者衆矣]. 하지만 이런 말은 들어보지 못했어[未嘗得聞此言也]. 자화자는 가히 경중(輕重)을 알고 있는 자야[子華子可謂知輕重矣]."

앞서 〈즉양〉 편에서도 보았듯이 자화자(子華子)는 위 나라 임금인 혜 왕에게 나라 간의 약조를 깬 제에 대해 군사를 주며 자신이 나가 싸우겠다고 한 공손연과 그 말을 듣지 말라고 청하는 계자는 둘 다 난리를 일으키는 자이고, 그 둘을 들어 말하는 자신 역시 난리를 일으키는 자라고 고한 인물이다.

그리고 지금은 한 나라의 임금[昭僖侯]을 만나 아까운 목숨을 해쳐 가면서까지 땅덩어리를 두고 싸우는 난리를 일으키지 말라고 충언하고 있다.

목숨보다 더 소중한 것은 없다. 그래서 몸은 천하보다 중하다[身重於天下]고 한다. 천하를 얻었다 한들 제 몸이 없어진다면 무슨 소용이 있겠는가. 임금은 전쟁터에서 멀리 떨어져 있으면서 자신을 위하여 불쌍한 백성더러 전쟁터에 나가 목숨을 걸고 싸우라고 한다. 물론 이제는 임금 대신 나라를 위해 그렇게 하라고 한다. 그러나 위 나라의 현자인 자화자는 언제 어디에 있든 목숨보다 더 소중한 것은 없다는 이치를 밝혀 준다. 화자(華子)의 서명(書銘)과 대진인(戴晉人)의 와우각상(蝸牛角上)은 모두 한길로 통하는 고사인 셈이다. 하찮은 것을 두고 겨루고 다투며 목숨을 해치지 말라고 한다. 그러나 전쟁은 하루도 가실 날이 없으니 이 모든 것이 난리를 부추기는 인간들 탓이다.

2. 북인무택(北人无擇) · 순(舜)

요(堯)는 제왕의 자리를 허유(許由)에게 물려주려다 망신을 당하고는 자주지보(子州之父)에게 물려주려다 다시 한번 망신을 당했다. 그리고는 결국 순(舜)에게 그 자리를 물려주었다. 다시 순(舜)이 자주지백(子州之伯)에게 제왕의 자리를 물려주려 하자 자주지백은 병을 핑계로 거절했고, 선권(善卷)에게 물려주려 하자 깊은 산중으로 숨어 버렸다. 석호지농(石戶之農)에게 물려주려 하자 먼 바다에 있는 섬으로 도망가 버리고 말았다 한다. 아마도 순은 마지막으로 벗인 북인무택(北人无擇)을 찾아가 제왕의 자리를 물려주려고 했던 모양이다. 유가에서는 순 임금을 제왕의 성인으로 꼽지만 도가에서는 순을 사람을 귀찮게 한다고 흉본다.

순 임금이 친구인 북인무택(北人无擇)에게 천하를 물려주려 하자 북인무택이 말했다.

"자넨 정말 이상한 사람이야[異哉]. 임금이 되었다더니 말이야[后之爲人]. 본래 밭을 갈아먹고 살다가[居於畎畝之中] 요(堯)의 문하에 들어가 놀고서도[而遊堯之門] 아직 덜 찼단 말인가[不若是而已]. 그런데도 더러운 행위로 나를 우습게 하려고 하는가[又欲以其辱行漫我]. 내 이런 자네를 보아도 부끄럽다네[吾

羞見之]."

그리고는 그만 맑은 연못 속으로 자신을 던져 죽어 버렸다
[因自投淸冷之淵].

임금 자리를 물려주려는 일[讓王]은 호랑이 담배 피던 시절
쯤의 이야기로 치자. 꿈같은 이야기라고 하자. 임금 자리를
주겠다는데도 한사코 마다하니 도저히 믿을 수 없는 일이다.
그러나 마음 고생하면서 남들 앞에 나서서 천하를 호령한답
시고 목에 힘을 주는 무리들은 모두 그 끝이 험하고 흉하다.
세상에 북인무택 같은 자가 있겠는가 말이다. 그냥 거절하
면 될 것을 연못에 몸을 던져 죽을 것까지야 뭐 있단 말인가.
현자가 자살한 꼴이니 그런 현자가 있단 말인가. 왜 북인무택
은 현자이면서도 목숨을 초개(草芥)처럼 버렸을까? 아마도 벗
을 잃어버린 까닭이었으리라. 밭 갈아먹고 살던 때의 순은 없
어지고 임금이 된 순은 이미 벗이 아니다. 두 사람이 서로 벗
이라면 둘은 하나다. 하나[一]라면 곧 자연이다. 그 하나의 반
이 없어졌으니 남은 반도 없어져 자연으로 돌아가 자연을 어
기지 않으려 했던 것일까? 하여튼 북쪽 사람[北人] 무택(无擇)
은 벗을 자연으로 여겼다. 자연이었던 벗이 임금으로 변해 버
리고 말았으니 무택은 순을 보는 것만으로도 더럽고 부끄럽
다[吾羞見之]고 했다. 아! 이 얼마나 꿈 같은 이야기란 말인가.

도척
盜跖

[요점]　　　　　　이 편의 앞에 도척(盜跖)이라는 인물이 나와
편명이 〈도척〉이 되었다. 이 편은 공자와 도척의 우화, 자장(子張)과
만구득(滿苟得)의 우화, 그리고 무족(无足)과 지화(知和)의 우화로 이
루어져 있다. 주로 공자의 권속(眷屬)을 헐뜯고 있으며, 아무리 우화
라지만 그 구성이 너무나 신랄해 어이가 없을 정도다. 대신 그만큼
더 재밌다. 이 편을 대하다 보면 조선 시대에《장자》란 책이 왜 금서
(禁書)로 취급받았는지 알 만하다.

[도척의 인물들]

1. 공자(孔子)·도척(盜跖)

이 우화는 철저하게 만들어진 이야기일 뿐 사실이 아님을

미리 알아두고 들으면 마치 풍자극을 보는 듯한 재미를 맛볼
수 있다. 유가에서 성인으로 받드는 공자가 천하의 큰 도둑인
도척(盜跖) 앞에서 머리를 조아린다니 이 얼마나 해괴한 일인
가 말이다. 게다가 우화로써 헐뜯었으니 유가에서 시비를 걸
수도 없는 노릇이다. 그렇지만 시비를 떠난 우화라고 해서 요
즘의 개그와 같은 우스갯소리만은 아니다.

공자는 안회(顔回)로 하여금 수레를 몰게 하고 자공(子貢)을
수레 오른쪽 앞자리에 앉혀 도척을 만나러 갔다. 마침 도척은
대산 남쪽에서 졸개들을 쉬게 하고 자기는 사람의 간을 회쳐
먹고 있었다[膾人肝而餔之]. 부하가 도척에게 아뢰었다.
　"노 나라 사람 공구(孔丘)가 장군께서 훌륭한 분이란 말을
듣고 찾아와 재배하며 뵙고 싶어합니다."
　이 말을 들은 도척은 화를 내면서 말했다.
　"남을 속이기 잘하는 노 나라 공구가 아니더냐. 가서 이렇
게 전하거라. '적당히 말을 만들어 문 왕이나 무 왕을 칭찬하
며 머리에는 요란하게 꾸민 관을 쓰고 쇠가죽 띠를 두르고 너
스레를 떨며 혓바닥을 놀려 본성으로 되돌아가지 못하게 하
면서 함부로 효(孝)가 어떻고 제(悌)가 어떠니 떠들어 제후의
눈에 들어 한자리 얻어 부귀를 누리는 신분이 되어 보겠다는
심보가 아니냐. 당장 꺼져라. 그렇지 않으면 네 놈의 간을 점

심 반찬으로 삼겠다.'"

그러나 공자는 이런 말을 전해 듣고도 물러나지 않고 한사코 도척을 만나게 해 달라고 부탁했다.

"저는 장군의 형님인 유하계(柳下季)와 막역한 사이입니다. 제발 멀리서나마 장군의 신발이라도 바라보게 해 주십시오."

이 말은 들은 도척은 공자를 데려오라고 했다. 허락을 받은 공자는 총총걸음으로 도척 앞에 나아갔다가 앞자리를 피해서 뒷자리로 물러나와 큰절을 두 번 올렸다.

도척은 두 발을 벌리고 칼자루를 만지작거리며 눈을 부릅뜨더니 마치 젖먹이 새끼를 치는 호랑이 같은 목소리로 호령했다.

"구(丘)야, 앞으로 나오너라. 네 말이 내 뜻에 맞으면 살려 주겠지만 내 마음에 들지 않으면 죽여 버리겠다."

공자가 말했다.

"제가 듣기로는 세상에 세 가지 덕이 있답니다. 태어나면서 몸집이 크고 훌륭하며 용모가 아름다워 누구와도 비교되지 않아 늙은이 젊은이 할 것 없이 떠받들고 귀한 사람이나 천한 사람 모두가 반기는 것, 이것을 상덕(上德)이라고 한답니다. 슬기로운 힘이 천하를 뒤덮고 모든 사물이 해야 할 바를 헤아리고 있는 것을 중덕(中德)이라고 한답니다. 그리고 용기가 있고 담력이 있어서 많은 부하를 통솔할 수 있는 것을 하덕(下

德)이라고 한답니다. 이 세 가지 덕 중에서 한 가지만이라도 갖춘다면 임금이나 제후가 되기에 충분합니다. 그런데 장군께서는 이 세 가지 덕을 모두 갖추고 있습니다. 키는 여덟 자두 치나 되고 얼굴에서는 빛이 나며 입술은 눈부시게 붉고 이는 새하얗게 고르며 목소리는 음악처럼 가락에 맞습니다. 그런데도 장군께서는 천하의 도둑이라는 말을 듣고 있으니, 저는 평소에 이를 애석하고 부끄럽게 여겨 왔습니다. 장군께서 제 말을 들어 주실 뜻이 있다면 남쪽의 오 나라와 월 나라를 찾아가고 북쪽으로는 제 나라와 노 나라를 찾아가고 동쪽의 송과 위, 그리고 서쪽의 진 나라와 초 나라로 심부름꾼이 되어 제가 직접 찾아가 장군을 위해 수백 리 사방에 큰 성을 쌓게 하겠으며 수십만 호의 봉읍을 만들어 장군께서 제후가 되게 하여 존경을 받도록 하겠습니다. 그리고 지금의 혼란한 세상을 개혁하고 세상을 쉽게 하면 군인들이 쉽게 될 것이며 흩어진 형제자매들이 서로 모여 사랑할 수 있을 것이고 조상을 모시고 제사를 올릴 수 있게 될 것입니다. 이는 성인과 재사(才士)들의 행동인 동시에 천하의 소원이 될 것입니다. 온 천하가 이러한 행위를 바라고 있답니다."

이에 도척은 크게 화를 내며 말했다.

"구(丘)야 앞으로 나와라. 이득에 끌리거나 남의 말에 좌우되는 것은 어리석은 범인(凡人)들이나 하는 짓거리야. 네가 내 용모가 준수하다고 말하는데, 그건 내 부모 덕분이지. 너 따위가 칭찬하지 않아도 이미 다 알고 있는 일이야. 내가 듣기로 면전에서 칭찬하는 놈은 돌아가서는 헐뜯기 좋아하는 놈이라 하더라. 이득 따위를 들먹여 나를 꾀고 세상의 어수룩한 놈으로 나를 다루려 드느냐. 그런 짓거리로 오래 갈 줄 알았느냐. 이제 내가 너에게 사람의 성정(性情)에 관해 말해 주마. 눈은 아름다운 것을 보려고 하고 귀는 좋은 소리를 듣고자 하며 입은 좋은 맛을 밝히고 기분은 만족하기를 바란다. 사람의 수명이란 길어야 백 살이고 중간이면 여든 살, 밑으로 가면 예순이다. 그러나 병들거나 걱정거리로 괴로워하는 날을 제외하면 입을 벌려 웃을 수 있는 날은 달포에 너댓새에 지나지 않아. 천지는 무궁하지만 사람은 때가 되면 죽게 마련이지. 이 유한 몸뚱이를 무궁한 천지에 맡기고 있기란 준마(駿馬)가 문틈을 휙 지나가는 것과 같다. 그러니 제 기분을 만족시키지 못하고 제 수명을 잘 간수하지 못하는 놈은 모두 도에 능통한 사람이 아니야. 네가 하는 말은 모두 내가 버린 것이다. 당장 꺼져 버려. 두 번 다시 입을 열지 말라[无復言之]. 너의 도란 본성을 잃은 채 제대로 된 것이라곤 하나 없는 새빨간 거짓부렁이야[子之道狂狂汲汲詐巧虛僞事也]. 그런 걸로는 사람의 참모습을 보존할 수 없어[非可以全眞也]. 어찌 더 말할 수 있단 말이냐."

공자는 두 번 절하고 잰걸음으로 물러 나와 수레 위에 앉았
다. 그러나 눈은 멍하고 얼굴빛은 잿빛이었다.

물론 이 우화는 하나도 사실이 아니다. 도척(盜跖)은 진 나
라 때의 큰 도둑[大盜]이었다고 한다. 그러나 도척은 전설적인
인물일 뿐이다. 그러므로 공자가 도척을 만났다는 것도 한낱
허구다. 우화 역시 소설처럼 만들어 낸 이야기다. 그러니 우
화 속의 사건이나 인물을 역사적 사실에 입각해 구성한 것이
라고 여길 필요는 없다.

도척의 입을 빌려 공자를 난타한다는 구성은 아무래도 지
나치다는 생각이 든다. 공자가 길을 가다 목이 말라 물을 마
시려는데, 그 샘물 이름이 도천(盜泉)이어서 물을 마시지 않았
다는 일화가 있다. 이런 공자가 어찌 도척이란 대도(大盜)를
만날 수 있단 말인가. 그럴 리도 없거니와 공자와 도척은 동
시대 사람도 아니다. 그저 유가를 난타하려는 후기 도가의 천
박한 속셈 정도로 여기면 그만이다. 사람의 간을 회쳐 먹는
도척의 입을 통해 사람의 본성을 말하게 하다니 걸맞지 않다.

2. 자장(子張)·만구득(滿苟得)·무약(无約)

자장(子張)은 공자의 제자로, 성은 전(顓)이고 이름은 사(師)

이며 자장은 자이다. 만구득(滿苟得)은 이득만을 탐하는 인물로 등장하는 가상의 인물이다. 아무리 구차스러워도[苟] 이득에 만족해야 한다[滿得]는 뜻을 지니도록 이름을 만구득이라한 것이다. 이 우화는 인의를 행해야 한다는 자장과 이득을 탐할 수밖에 없다는 만구득의 입씨름을 무약(无約)의 말로써마감하게 하는 것으로 짜여져 있다. 무약 역시 가공의 인물로, 아무런 구속이 없음[无約]을 뜻하니 곧 자연(自然)을 비유한다고 보면 된다.

자장이 만구득에게 물었다.

"당신은 어째서 인의(仁義)를 행하지 않는 거요? 인의를 행하지 않으면 남에게 신용을 얻지 못하고 신용을 얻지 못하면일자리를 얻지 못하고 일자리를 얻지 못하면 이득이 없는 것아니오? 그러니 명예로 보나 이득으로 봐도 인의를 행하는 것이 제일이란 말이오."

이에 만구득이 되받아 말했다.

"부끄러움을 모르는 자라야 부자가 되고[無恥者富] 말이 많은 자라야 출세하지요[多信者顯]. 대체로 세상에서 명예나 이득이 큰 자들은[夫名利之大者] 부끄러움을 모르고 말만 많은자들이지요[幾在無恥而信]. 그러니 명예로 보나 이득으로 보나[故觀之名計之利] 말이 많은 것이 제일이지요[而信眞是也]. 만일 명리를 버리고[若棄名利] 마음에 뉘우침이 있다면[反之於心] 무릇 선비의 행위가 천성을 지녀야 할 것이 아니오[則夫士之爲行抱其天乎]. …… 좀도둑은 잡히지만[小盜者拘] 큰 도둑은 제후가 되지요[大盜者爲諸侯]. 그 문하에는 허다한 선비들이 모이지요[諸侯之門義士存焉]. 옛날 제 나라의 환공소백(桓公小白)은[昔者桓公小白] 제 형을 죽이고 형수를 아내로 삼았지만[殺兄入嫂] 관중은 그 밑에 들어가 신하가 되었고[而管仲爲臣] 전성자(田成子)는 임금을 죽이고 나라를 훔쳤지만[田成子常殺君竊國] 공자는 그 자의 예물을 받았지요[而孔子受幣]. 그들을 이야기할 때는 천하다 하면서도[論則賤之] 실제로 행동할 때는 그들에게 머리를 숙여[行則下之] 말과 행동이 다르단 말이오[則是言行之情]. 이 어찌 모순이 아니겠소[不亦拂乎]. 때문에 옛 책에는 이런 말이 있지요[故書曰]. '어느 것이 나쁘고 어느 것이 좋은가[孰惡孰美]? 성공한 자는 우두머리가 되고[成者爲首] 실패한 자는 꼬리가 되게 마련이다[不成者爲尾].'"

자장이 말했다.

"하지만 당신이 인의를 행하지 않으면[子不爲行] 가깝고 친한 것의 구별이 없어지고[郞將疏戚無倫] 귀하고 천한 것의 차별이 없어지며[貴賤無義] 어른과 아이의 질서가 없어지오[長幼無序]. 그러면 앞으로 오기와 육위가 어떻게 구별된단 말이오[五紀六位將何以爲別乎]?

만구득이 다시 되받아 말했다.

"요(堯)는 맏아들을 죽였고 순(舜)은 동생을 내쫓았소. 이에 가깝고 먼 것의 구별이 있단 말이오? 탕 왕은 걸 왕을 내쳤고 무 왕은 주 왕을 죽였소. 그런데 귀천의 차별이 있단 말이오? 왕계(王季)는 제 형들을 제치고 임금이 되었고 주공(周公)은 형을 죽였소. 그래도 장유(長幼)의 질서가 있단 말이오? 유자(儒者)는 빈소리를 늘어놓고 묵자(墨者)는 박애(博愛)를 앞세우지요. 이래서 과연 오기(五紀)와 육위(六位)의 구별이 이루어진단 말이오? 당신은 명분을 위해 행동해야 한다 하고 나는 이득을 위해 행동해야 한다고 하지만 명성이나 이득은 도리에 맞지 않고 도의 참모습을 보지 못하는 거요. 언젠가 우리가 무약(无約)을 찾아가 의논했을 때 무약이 이렇게 말하질 않았소. '소인은 재물에 목숨을 걸고[小人殉財] 군자는 명예에 목숨을 걸지요[君子殉名]. 그들이 각기 참모습을 변질시키고[其所以變其情] 본성을 바꾸면서까지[易其性] 쫓는 것은 다르지요[則異矣]. 허나 의당 해야 할 바를 깡그리 버리고[乃至於棄其所爲] 하지 말아야 할 것에 목숨을 거는 것은[而殉其所不爲] 같지요[則一矣]. 그러므로[故] 소인이 되지 말고[无爲小人] 천성을 따를 것이고[反殉而天] 군자가 되지 말고[无爲君子] 자연을 따라야 한다[從天之理].'"

이 우화에서는 자장과 만구득, 그리고 무약을 빌어 명리(名利)에 쫓겨 본성을 잃어버리는 짓을 범하지 말라 한다. 본성을 잃어버리면 결국 흉하고 험해질 뿐임을 잊지 말라 한다. 자연을 따라 살 줄 모르면 오기(五紀)와 육위(六位)도 소용없다는 것이다. 오기(五紀)는 오륜(五倫)이요, 오행(五行 : 金木水火土)이요, 오덕(五德 : 仁義禮智信)이다. 그리고 육위(六位)는 군(君)·신(臣)·부(父)·자(子)·부(夫)·부(婦)를 뜻한다. 그러나 이제는 이런 오기와 육위 이전의 자연을 따라 사는 천성이 잘 보존되어야 한다는 무약(无約)의 말을 헛소리로 듣고 있다.

명성을 쫓는 자장이나 이득을 쫓는 만구득은 모두 자연을 따라 살 줄 모르는 자들이다. 자장은 무약의 말을 헤아리지 못하지만 만구득은 무약의 말을 조금이나마 귀담아 들을 줄 안다. 자장은 인의만 알지 자연은 모른다. 만구득은 이득을 탐하지만 자연을 따라 살지 못함을 부끄러워할 줄 안다. 이로 미루어 자장은 자기가 소인인 줄 모르나 만구득은 자신이 소인임을 조금이나마 알고 있다. 흉한 소인이 있는가 하면 괜찮은 소인도 있구나 싶다. 부끄러워할 줄 아는 소인은 대인을 부러워할 줄 알고 부끄러워할 줄 모르는 소인은 대인을 가소로워한다. 과연 나는 어느 쪽의 소인이란 말인가?

3. 무족(无足) · 지화(知和)

무족(无足)과 지화(知和)는 모두 우화에 등장하는 가공의 인물이다. 무족(无足)은 만족할 줄 모르는 탐욕을 비유한 인물이고 지화(知和)는 중화(中和)의 도를 터득하여 청렴(清廉)한 인물을 비유한다. 세상에서 가장 가난한 자를 일러 무족이라 할 수 있다. 만족할 줄 모르기 때문이다. 반면 세상에서 가장 부유한 자를 일러 지화라 할 수 있다. 만족할 줄 아는 까닭이다. 노자는 지족자부(知足者富)라고 했다. 즉 만족할 줄 아는 자[知足者]는 부유하다[富] 함이다. 이 우화 속의 무족과 지화를 항상 견주면서 산다면 사는 일이 조금이나마 덜 어긋나지 싶다.

무족이 말했다.

"무릇 사람에게 부(富)라는 것은 이롭지 않을 바 없겠지요. 아름다움을 다 갖출 수 있고 온갖 세력을 거둘 수 있지요. 지인(至人)도 이르지 못할 것이고 성인(聖人)도 미치지 못할 것입니다. 남들을 부리며 위세를 부리고 남들의 머리를 빌려 현명해질 수도 있답니다. 남의 덕행으로 자기가 현명한 사람이 될 수 있고 나라를 다스릴 신분이 아니면서도 임금과 같은 위엄을 지닌답니다. 바라는 것을 쫓고 싫은 것을 멀리하려는 마음은 배우지 않아도 절로 아는 것이 사람의 본성입니다. 그러니 저뿐만 아니라 어느 누가 부유하기를 마다하겠습니까?"

이에 지화가 대답했다.

"지자(知者)의 행동은 백성의 마음을 자신의 마음으로 삼지요[知者之爲故動而百姓]. 그렇게 만족하고 다투질 않지요[是以足而不爭]. 백성과 함께하므로 따로 구할 것이 없지요[無以爲故不求]. 부족하므로 구하려 들고[不足故求之] 어느 곳에서나 다투면서도 자기는 탐욕스럽다고 여기지 않지요[爭四處而不自以爲貪]. 여유가 있으므로 사양하는 것이지요[有餘故辭之]. 세상을 멀리하면서도 자기가 청렴하다고 하지 않습니다[棄天下而不自以爲廉]. 청렴한가 탐욕스러운가의 실정은[廉貪之實] 바깥 것을 찾는 데 있는 것이 아니라[非以迫外也] 자기 마음속을 돌이켜 보는 정도에 달렸지요[反監之度]. 천자의 세에 이르러도[勢爲天子] 그 귀한 자리로 사람들에게 교만을 부리지 않는다면[而不以貴驕人] 천하의 재물을 얻는다 해도[富有天下] 그 재물로 사람들을 희롱하지 않지요[而不以財戲人]. 탐하다 닥칠 우환을 살펴 생각하고[計其患] 탐욕 탓에 되돌아올 것을 걱정하고[慮其反] 그러면 본성에 해가 된다고 여기지요[以爲害於性]. 그래서 사양하고 부를 받아들이지 않지요[故辭而不受]. 이는 명예를 위해서가 아니지요[非以要名譽也] 요 임금과 순 임금이 임금 노릇을 하면서도 다른 사람에게 임금 자리를 사양했던 것은[堯舜爲帝而雍] 천하에 어짊을 펴기 위한 것이 아니었다오[非仁天下也]. 그것은 명예나 이익 때문에 삶을 해치는 일이 없도록 하기 위함이었소[不以美害生也]. 선권이나 허유가 제왕의 자리를 누릴 수 있었음에도 그것을 받지 않은 것은[善卷許由得帝而不受] 겉치레로 물리친 것이 아니지요[非虛辭讓也]. 그런 것으로 자기를 해롭게 하지 않으려는 것이지요[不以事害己]. 이분들은 이득을 취하다 올 그 피해를 사양한 것이지 명예를 크게 하기 위해 그런 것은 아니랍니다[彼非以興名譽也]."

무족(无足)과 지화(知和)의 입씨름은 보다 더 길게 지속된다. 그러나 그렇다고 해서 둘이 어떤 합의에 도달할 리는 없다. 지화가 아무리 탐하지 말라 한들 만족할 줄 모르는 무족이 충고를 받아들일 리 없기 때문이다. 탐욕을 부리다 해를 당하면 그때만큼은 탐욕을 버려야지 하다가도 하룻밤 지나고 나면 언제 그랬냐는 듯이 도로 탐욕을 버리지 못하는 것이 무족의 군상이 아니던가.

'부(富)를 멀리하라.' 이 말에 수긍할 사람이 과연 몇이나 되겠는가. 반대로 '부(富)를 멀리할 수 없다.' 이 말을 거부할 사람은 몇이나 될 것인가. 이 세상 모든 사람이 다 부를 좇는 불나방이 아닌가 말이다. 나는 그런 불나방이 아니라고 단언할 수 있는 사람은 아마 한 명도 없을 것이다. 너도나도 자신이 부(富)를 쫓는 불나방임을 솔직히 인정하고, 그 부가 내 몸을 태우는 불구덩이임을 알기 위해서는 지화의 충고를 귀담아 둘 필요가 있다.

우리는 고깃덩이를 물고 다리를 건너던 개가 물속에 비친 제 그림자의 고깃덩이가 탐나 입을 벌려 짖었다가 제 입에 물고 있던 고깃덩이마저 물고기에게 빼앗기고 말았다는 우화를 알고 있다. 어렸을 때는 그 개를 흉보았을지 모르지만 어느새 우리도 그 개와 같은 꼴을 하고 살고 있다. 무족의 패거리가 되어 세상을 서로 아프게 하고 서로 속셈하느라 땀을 흘리고 있다. 아무리 수건으로 땀을 훔친들 무엇하랴. 탐욕의 땀이란 겉에 있는 것이 아니라 속에서 솟아나니 한시도 마를 틈이 없다. 그래서 우리는 지화가 아무리 타일러도 귀가 없어서 듣지 못한다.

설검
說劍

[요점]　　　　설검(說劍)의 '說'을 말할 설(說)로 읽어야 할
까, 기꺼워할 열(說)로 읽어야 할까? 이 편은 이처럼 읽기가 망설여
지는 편명을 지니고 있다. 칼싸움을 좋아하는 조(趙) 나라 문 왕(文
王)의 입장에서 보면 열검(說劍)으로 읽는 것이 좋을 것이고, 칼의 품
위를 설하는 장자의 입장에서 본다면 설검(說劍)으로 읽는 것이 좋
을 것이다. 그러나 장자 쪽에 무게를 두고 이 편을 설검(說劍)으로
읽었으면 한다. 비록 다른 편에 비해 조금 빠진다는 말을 듣기도 하
지만 장자가 칼의 품위를 설하는 대목은 큰 재미가 있다.

장자(莊子) · 문 왕(文王)

조(趙) 나라의 문 왕(文王)이 지나치게 칼싸움을 좋아해 나라가 기울 지경에 이르렀다. 걱정이 된 태자 회(悝)는 임금의 취미를 거두게 하고 싶었다. 임금의 기분을 상하게 하지 않으면서도 검사(劍士)들의 칼싸움을 멈추게 할 사람이 있다면 천금의 상을 내리겠다고 했다. 어디 누가 없느냐고 시자(侍者)들에게 묻자 장자라면 그 일을 할 수 있을 것이라고 아뢰었다. 이에 태자는 시자에게 천금을 들려서 장자에게 보냈다. 그러나 장자는 천금을 받지 않고 태자를 만나 이렇게 말했다.

"태자께서 저에게 시킬 일이란 왕께서 즐기는 것을 멈추게 하려는 거라고 들었습니다. 그런데 제 의견을 드렸다가 왕의 뜻에 거슬리고 태자의 부탁에 걸맞지 않으면 저는 형벌을 받고 죽게 될 것입니다. 그러면 천금이 무슨 소용이 있겠습니까? 반대로 제 의견에 왕께서 기뻐하시고 태자의 부탁도 이루어진다면 제게 내리지 못하실 상이 뭐 있겠습니까?"

이에 태자가 말했다.

"그렇습니다. 우리 왕께서는 검사만 좋아하십니다."

장자가 말했다.

"좋습니다. 저도 칼싸움에는 제법 솜씨가 있습니다."

이렇게 장자와 태자는 뜻이 맞았고 장자는 결국 조 나라 문왕을 만나게 되었다. 우화는 이제 장자가 조 나라 문 왕에게 칼의 품위를 설하는 대목으로 이어진다.

문 왕은 칼을 뽑아 들고 태자와 장자를 기다리고 있었다. 장자는 궁궐 안에 들어서도 예를 갖추어 걷지 않고 왕을 보고도 절을 하지 않았다. 왕이 말을 걸었다.

"그대는 나에게 무엇을 가르치겠다고 태자에게 나를 만나게 해 달라고 했는가?"

"저는 대왕께서 칼싸움을 좋아하신다는 말을 듣고 검에 관한 것으로 대왕을 뵈러 왔습니다."

"그대의 검은 몇 사람쯤 상대해서 이길 수 있는가?"

"저의 검은 열 걸음에 한 사람을 죽이며, 천 리를 가도 막을 수가 없습니다."

이에 왕은 크게 기뻐하여 말했다.

"그럼 천하무적이구나!"

장자가 덧붙였다.

"무릇 칼싸움이란 이쪽에서 허점을 보여 상대를 유인하고 상대보다 늦게 칼을 뽑아도 먼저 공격하는 겁니다. 실제로 한 번 해 보여 드리고 싶습니다."

왕이 말했다.

"선생은 좀 쉬시오. 내 시합 준비가 되면 선생을 부르리다."

왕은 궁 안의 검사들에게 선발 경기를 갖게 했다. 이레 동안 죽거나 상처를 입은 검사만 해도 예순 명이 넘었다. 그 와중에도 왕은 대여섯 명의 검사를 골라 칼을 들고 늘어서게 했다. 그리고는 장자를 불러 검사들에게 칼싸움을 배우라고 명했다. 장자가 말했다.

"오랫동안 기다려 온 바입니다."

문 왕이 물었다.

"선생이 쓸 칼은 긴 것이오, 짧은 것이오?"

"저는 어느 것이건 다 좋습니다. 하지만 저에게는 세 가지 검이 있는데 왕께서 원하시는 대로 쓰도록 하겠습니다. 먼저 이를 설명해 드린 뒤에 시합을 했으면 합니다."

이에 왕이 말했다.

"그 세 가지 검이란 무엇인지 들려주시오."

"그것은 천자(天子)의 검, 제후(諸侯)의 검, 서인(庶人)의 검입니다."

왕이 물었다.

"천자(天子)의 검이란 어떤 것이오?"

"천자의 검이란 연(燕) 나라의 연계(燕谿)라는 계곡과 석성

(石城)을 칼끝으로 삼고, 제(齊) 나라의 대산(代山)을 칼날로 삼으며, 진(晉) 나라와 위(衛) 나라를 칼등으로 삼고, 주(周) 나라와 송(宋) 나라를 칼자루 끝으로 삼고, 한(韓)과 위(魏)를 칼자루로 삼아 사방의 오랑캐로 씌우고, 사철로 감싸 발해(渤海)로 두르고, 상산(常山)으로 띠를 둘러 오행(五行)으로 세상을 제정하고, 형벌(刑罰)과 은덕(恩德)을 논하고, 음양(陰陽)으로 조화(造化)하고 봄 여름의 화기(和氣)로 유지하며, 가을 겨울의 위엄(威嚴)으로 행합니다. 이 검을 곧장 세우면 앞에서 당할 것이 없고 들어올리면 위에서 당할 것이 없으며, 누르면 밑에서 당할 것이 없고, 휘두르면 사방에서 당할 것이 없으며, 위로는 구름을 끊고 아래로는 땅을 붙들어맨 밧줄을 잘라 버립니다. 이 검을 한번 쓰기만 하면 제후의 행동이 바로잡히고 천하가 모두 복종하게 됩니다. 이것이 천자의 검입니다."

왕이 다시 물었다.

"제후(諸侯)의 검이란 어떤 거요?"

"제후의 검이란 지혜와 용기 있는 선비를 칼끝으로 삼고 청렴한 선비를 칼날로 삼으며, 현명한 선비를 칼등으로 삼고 충성스러운 선비를 칼자루 끝으로 삼으며, 무용(武勇)이 뛰어난 선비를 칼자루로 삼습니다. 이 칼을 곧장 세우면 앞에서 당할 것이 없고 들어올리면 위에서 당할 것이 없으며, 누르면 밑에서 당할 것이 없고 휘두르면 사방에서 당할 것이 없습니다.

이 검을 한번 쓰면 천둥소리가 진동하는 듯하여 나라 안의 백성이 모두 복종하며 임금의 명령에 따르지 않는 자가 없습니다. 이것이 제후의 검입니다."

왕이 다시 물었다.

"서인(庶人)의 검이란 어떤 거요?"

"서인의 칼이란 머리채를 쑥대처럼 헝클어 제치고 낮은 관을 기울게 쓰고 맨 끈으로 관을 묶고 소매가 짧은 옷을 입고 두 눈을 부릅뜨고 말투는 우락부락하답니다. 임금 앞에서 서로 치면서 위로는 목을 베고 아래로는 간이나 폐를 찌릅니다. 이것이 서인의 검으로, 말하자면 닭싸움과 같습니다. 일단 칼싸움꾼이 목숨을 거두고 나면 나라에는 이미 소용이 없습니다. 지금 대왕께서는 천자의 자리에 계시면서 서인의 검을 좋아하고 계십니다. 황송하오나 저는 대왕을 경멸하고 있습니다."

왕은 장자의 손을 이끌고 어전으로 올라갔다. 임금께 수랏상을 올렸으나 왕은 세 번이나 그 둘레를 맴돌 뿐이었다. 이를 본 장자가 말했다.

"대왕께서는 편히 앉으셔서 마음을 편히 하십시오. 검에 대한 이야기는 이미 다 끝났습니다."

그 뒤로 문 왕은 석 달 동안이나 궁에서 나오지 않았고, 검사들은 대접을 받지 못해 모두 자살하고 말았다 한다.

문 왕은 그래도 부끄러워해 뉘우칠 줄 아는 임금이었던 모양이다. 그렇지 않았더라면 장자는 아마도 제 목숨을 부지하지 못했을 것이다. 똥 묻은 개에게 똥 묻었다 하다간 물리고 만다는 말이 있지 않은가. 그러나 문 왕은 장자의 말을 알아듣고 자신이 부끄러워 석 달 동안이나 두문불출했다니 거덜나려던 조 나라를 장자가 구한 셈이다.

이 우화는 칼[劍]을 권력으로 생각해 보게 한다. 백성을 억누르는 권력은 서인의 칼이고, 백성 위에 군림하려는 권력은 제후의 칼이며, 백성을 마음 편히 살게 하는 권력은 천자의 칼이다. 칼자루를 쥐었다고 함부로 칼날을 휘두르는 칼잡이는 제 칼에 제 목을 앗기고 만다. 그래서 못된 칼잡이는 칼로 망한다고 한다. 폭군이나 독재자가 칼[權力] 하나만 믿고 난도질하다가 제 목숨을 흉하게 앗기고 만 역사를 우리는 얼마든지 볼 수 있다.

그렇다면 우리네 역대 대통령들은 통치권을 어떤 칼로 여기고 나라를 다스렸을까? 천자의 검이나 제후의 검, 서인의 검은 비단 옛날 중국의 조 나라에만 있었던 것은 아니다. 사람의 세상에는 늘 세 가지 검이 있게 마련이다. 지금도 이 세상에는 천자의 검으로 다스려져 백성이 잘사는 나라도 있고, 제후의 검이 두려워 백성이 눈치를 보며 살아야 하는 나라도 있고, 서인의 검이 휘둘러 대는 등쌀에 죽지 못해 살아야 하는 나라도 있다. 그러나 그렇다 하더라도 조 나라 문 왕처럼 장자의 말을 귀담아 들어줄 치자가 있겠느냐는 것이다.

물론 치자에게만 세 가지 칼이 쥐어지는 것은 아니다. 어찌 입법(立法)·행정(行政)·사법(司法)에만 권력이 있겠는가. 인간이 누리고 싶어하는 힘은 곧 권력으로 통한다. 그래서 인간은 저마다 나름대로 권력을 쫓는다. 따지고 보면 돈보다 더 강력한 권력은 없다. 부정부패가 왜 생기겠는가? 돈이 권력의 화신(化神)이 된 까닭이다. 재물과 명성을 천자의 검으로 요리하는 인간형이 있을 수 있고 제후의 검으로 돈이나 명성을 요리하는 인간형도 있을 수 있고 서인의 검으로 돈이나 명성을 난도질하는 인간형도 있을 수 있다. 물론 돼지처럼 벌어서 정승처럼 쓴다는 속담이 있기는 있다. 그러나 천자의 검으로 재물이나 명성을 다루는 대인(大人)은 없다고 보는 것이 마음 편할 것이다. 세상은 언제나 소인들로 득실거린다. 서인의 검을 들고 칼잡이 노릇하기를 마다 않는 소인들 탓에 세상은 언제나 살벌하다. 나도 지금 서인의 검을 잡고 있지는 않은지 내 속을 돌이켜 살필 일이다.

어부
漁父

[요점]　　　　　　〈설검〉처럼 하나의 우화로 되어 있는 되어 있
는 편이다. 어부(漁父)가 중심 인물이고 여기에 공자가 등장해 서로
문답을 나눈다. 이 우화에서는 공자가 어부에게 도(道)를 묻는다. 유
가를 흉보려는 우화인 셈이다.

[어부의 인물들]

1. 어부(漁父)·공자(孔子)

　제자들과 함께 우거진 숲을 지나던 공자가 언덕 위에 그늘
을 드리우고 있는 살구나무 아래에 앉아 쉬고 있었다. 공자의
제자인 자공(子貢)과 자로(子路)는 책을 읽었고, 공자는 거문고
를 타며 노래를 불렀다. 그때 한 어부가 배에서 내려 언덕에

올라섰다. 수염과 눈썹은 백발이고 머리카락은 엉킨 채였다. 그는 왼손을 무릎에 얹고 오른손으로는 턱을 괸 채 공자의 곡을 듣고 있다가 곡이 끝나자 자공과 자로를 불러 물었다.

"저 사람이 누구인가요?"

이에 자로가 대답했다.

"노 나라의 군자입니다."

어부가 성씨를 물었다.

"공(孔) 씨입니다."

"공 씨는 무얼 하는 사람이오?"

자공이 대답했다.

"충신(忠信)을 일삼고 인의(仁義)를 실행하며 예악(禮樂)을 다루고 오륜의 도를 정해서 위로는 군주와 아래로는 백성을 교화하여 천하를 편하게 하려는 일을 합니다."

어부가 다시 물었다.

"그렇다면 공 씨는 임금이오?"

"아닙니다."

"그럼 신하인가요?"

"아닙니다."

어부는 웃으며 돌아가면서 말했다.

"인(仁)은 인(仁)이겠지만 아마 그 몸은 화(禍)를 면치 못할 것이다. 마음을 괴롭히며 몸을 지치게 하여 제 본성을 잃게 마련이다. 정말로 대도(大道)와는 멀구나."

자공과 자로는 공자에게 돌아가 어부의 말을 전했다. 이에 공자는 거문고를 밀치며 일어나 말했다.

"그는 성인일 것이다."

그리고는 어부를 뒤쫓아 연못가로 가니 어부는 이제 막 삿대를 짚고 배를 끌어내려 하고 있었다. 어부가 몸을 돌리자 공자는 뒤로 물러섰다가 두 번 절을 하고는 앞으로 나아갔다. 어부가 물었다.

"나에게 무슨 볼일이 있는 거요?"

공자가 조아렸다.

"저는 어려서부터 학문을 닦아 왔지만 아직 지극한 가르침을 듣지 못했습니다. 선생의 가르침을 듣고자 합니다."

그러자 어부는 공자가 일삼고 있는 인간의 일을 장황하게 비판한 다음 사람의 여덟 가지 허물과 사람의 일에 있는 네 가지 걱정거리를 들려주었다.

어부가 말했다.

"제가 할 일도 아닌데 제가 하는 것을 총(摠)이라 하고, 임금이 돌아보지도 않는데 굳이 진언(進言)하는 짓을 영(佞)이라 하며, 남의 기분에 따라 말하는 것을 첨(諂)이라 하고, 시비를 가리지 않고 말하는 것을 유(諛)라 하며, 남의 결점을 즐겨 말하는 것을 참(讒)이라 하고, 남의 교제를 끊거나 친한 사이를 갈라놓는 것을 적(賊)이라 하며, 멋대로 남을 칭찬하거나 속여 못되게 하는 것을 특(慝)이라 하고, 선악을 가리지 않고 상대가 좋아하게 맞장구치는 것을 험(險)이라 하오. 이 여덟 가지 허물은 밖으로는 사람을 어지럽히고 안으로는 제 몸을 상하게 하지요. 군자는 이런 것들을 멀리하고 밝은 임금은 이들을 가까이하지 않지요. 또 네 가지 걱정거리란 이런 게지요. 큰일 하기를 좋아라 하고 고치지 않아도 될 것을 고쳐서 공명을 올리는 것을 도(叨)라 하고 뭘 좀 안답시고 멋대로 행동하고 남의 것을 침범하는 것을 탐(貪)이라 하며, 제 잘못을 알면서도 고치지 않고 하지 말라는 말을 듣고도 더 심하게 하는 것을 흔(很)이라 하고 남의 생각이 자기와 같으면 좋아하고 같지 않으면 그 생각이 좋다 해도 인정하지 않는 것을 긍(矜)이라 하오. 이것이 바로 네 가지 걱정거리지요. 여덟 가지 허물과 네 가지 걱정거리를 범하지 않게 되어서야 비로소 가르침을 받을 수 있답니다."

이 말을 들은 공자는 수심에 잠겨 한숨을 짓고는 두 번 절을 올리고 일어나 말했다.

"저는 노 나라에서 두 번이나 추방당했고, 위 나라에서는 제 업적이 깎였으며, 송 나라에서는 나무를 잘랐고, 진과 채 두 나라 사이에서는 포위를 당했습니다. 저는 잘못이 없다고 생각되는데, 이렇듯 네 번이나 원한을 산 것은 어이 된 연유입니까?"

이 말에 어부는 서글픈 얼굴빛을 지으며 말했다.

"당신은 정말로 말귀가 어둡군요. 그림자가 두렵고 발자국이 싫어서 그것들을 떨쳐 내려고 있는 힘껏 달린 자가 있었소. 그러나 발을 들어올릴수록 발자국은 그만큼 더 많아지고 제아무리 달려도 그림자는 떨어지지 않지요. 그런데도 그 자는 달음질이 늦어 그렇다고 생각해 더욱 빨리 달리다 결국엔 힘이 빠져 죽고 말았다지요. 그늘에 있으면 그림자가 없어지고[處陰以休影] 멈추어 있으면 발자국이 생기지 않는다[處靜以息迹]는 것을 몰랐던 것이지요. 이 얼마나 어리석은 짓이오."

어부가 지적한 여덟 가지 허물과 네 가지 걱정거리를 기억해 두면 세파(世波)를 헤쳐 가는 데 그만큼 급한 물살을 피할 수 있고 낭패를 당하는 일도 줄어들 것이다. 우리 모두 여덟 가지 허물을 기억해 두기로 하자. 총(摠)·영(佞)·첨(諂)·유(諛)·참(讒)·적(賊)·특(慝)·험(險). 그리고 네 가지 걱정거리 역시 항상 살펴 두기로 하자. 허나 우리는 이런 허물과 걱정거리를 겁내지 않아 소중한 삶을 철없이 버리기를 마다하지 않고 있다.

여덟 가지 허물을 멀리하라. 그러면 사는 일이 말끔해진다.

모두 총(摠). 모든 것을 내가 해야 한다고 고집하지 말라. 아첨할 영(佞). 주인에게 꼬리를 흔드는 개처럼 살지 말라. 아랑거릴 첨(諂)과 유(諛). 남의 비위나 맞추고 줏대 없이 살지 말라. 거짓으로 해칠 참(讒). 중상모략을 일삼아 남의 가슴에 못질하지 말라. 해칠 적(賊). 은혜를 저버리고 살지 말라. 간사할 특(慝). 약 준다면서 병 주는 짓거리를 말라. 위태로울 험(險). 남의 장단에 놀아나지 말라.

네 가지 걱정거리를 털어 내라. 그러면 사는 일이 홀가분해진다.

함부로 차지할 도(叨). 내 몫이 남보다 크고 많기를 탐하지 말라. 더듬어 찾을 탐(貪). 알량한 지식을 믿고 범 무서운 줄 모르는 하룻강아지가 되지 말라. 어긋날 흔(很). 제 잘못을 알면서도 모른 척하고 억지를 부려 어긋나지 말라. 불쌍히 여길 궁(矜). 자만심으로 콧대를 높이지 말라.

열어구
列禦寇

[요점]   처음에 나오는 열어구(列禦寇)를 따 편명으로 삼고 있다. 재미있는 우화들이 많은데, 그중에서도 장자의 임종을 이야기하는 우화가 특히 뛰어나다. 여기서 장자는 마치 유언처럼 '인지(人知)에 사로잡힌 명자(明者)를 벗어나 천지의 근원인 도를 깨닫는 신지(神知)인 신자(神者)를 터득하라' 는 말을 남긴다. 시비를 떠나지 않는 사람의 지식인 명자(明者)를 벗어나 시비를 벗어난 자연의 신자(神者)를 깨우치라고 한다. 말하자면 소지(小知)를 벗어나 대지(大知)로 살라 함이다. 잡편(雜篇) 중에서도 뛰어난 편으로 꼽힌다.

1. 조상(曹商) · 장자(莊子)

세상에는 더럽고 너절한 인간들이 많다. 달면 삼키고 쓰면 뱉는 인간들은 먹이를 주면 꼬리를 치고 먹이를 주지 않으면 덤비는 개 같은 버릇을 감추고 산다. 이런 인간을 가까이 두 려면 계속해서 먹이를 던져 주어야 한다. 그러나 먹이를 주는 쪽이나 받아먹는 쪽이나 먹이만 소중히 할 뿐 부끄러움은 모 른다. 파렴치한 인간들은 그것이 더러운 줄도 모르고 자랑하 기를 마다 않는다. 마치 도둑놈이 도둑질하는 기술을 자랑삼 듯이 말이다. 조상(曹商)이라는 인물이 왜 장자에게 혼쭐이 나는지 살펴 둘 일이다.

송 나라에 조상(曹商)이란 자가 있었다. 그는 송 왕을 위해 사신이 되어 진 나라로 갔다. 그가 떠날 때 몇 대의 수레가 주 어졌는데, 진 나라 임금은 그를 반겨 백 대의 수레를 더 보태 주었다. 그가 송 나라로 돌아와 장자를 만나 말했다.

"나는 비좁고 지저분한 뒷골목에 살면서 곤궁하여 신을 삼 고, 목은 비쩍 마른 채 얼굴이 누렇게 떠서 지내는 데는 서툴 지요. 그러나 임금을 깨우쳐 주고 백 대의 수레를 따르게 하는 일에는 능통하지요."

이 말에 장자가 대꾸했다.

"진 나라 임금은 병이 나서 의사를 부르면 종기를 짜 고름을 짜 준 자에게는 수레 한 대를 주고, 치질을 핥아 고쳐 준 자에게는 수레 다섯 대를 주는데, 치료하는 데가 더러울수록 주어지는 수레가 많다 하더군. 당신은 그의 치질이라도 고쳐 주었단 말인가? 어떻게 그리도 많은 수레를 받았소? 더러우니 당장 물러가시오."

주둥이를 알랑거려 아첨한 대가를 받은 조상이 장자에게 작살나고 있다. 물론 조상만 그런 놈이겠는가? 세상은 언제나 온갖 아양을 떨어 윗사람의 눈에 들려는 자들로 득실거린다. 그래서 높은 자리에 있는 자들은 부스러기를 던져 주면 사람을 마구 부려먹을 수 있다고 장담한다. 차라리 가난하지만 의젓하게 삶을 누리는 것이 얼마나 좋은지를 조상과 같은 인간형들은 모른다. 그러니 장자가 조상에게 어서 물러가라고 호통을 칠 수밖에 없다.

2. 장자(莊子)

장자가 임종에 앞서 인위의 명자(明者)와 무위의 신자(神者)

를 설하는 유명한 우화다. 장자는 여기서 제자들에게 인지(人知)는 사람으로 하여금 외물(外物)을 쫓다가 홀리게 하고 신지(神知)는 천지의 근원인 도(道)에 몰입하게 하여 그 홀림에서 벗어나게 해 준다는 일종의 유언을 남긴다. 두보(杜甫)는 자신의 시를 통해 우주는 하나의 조롱이요, 일월(日月)은 그 안에 든 새라고 읊었다지만 장자가 밝히는 자신의 장례식에 비하면 두보의 시상(詩想)은 작다는 생각이 든다.

장자의 죽음을 앞두고 제자들이 후하게 장사지내 드리고 싶다 하자 장자가 말했다.

"나는 천지를 널로 삼고, 해와 달을 한 쌍의 옥으로 삼고, 별을 구슬로 삼고, 만물을 나에게 준 선물이라고 여기고 있다. 내 장례식에는 갖추어지지 않은 게 없는데 무엇을 더 붙인단 말이냐?"

이에 제자가 대답했다.

"아무렇게나 매장하면 까마귀나 솔개가 선생님의 주검을 파먹을 것이 아닙니까."

그러자 장자가 대답했다.

"땅 위에 있으면 까마귀나 솔개의 밥이 되고[在上爲烏鳶食] 땅 아래 있으면 땅강아지나 개미의 밥이 되겠지[在下爲螻蟻食]. 그런 것을 한쪽에서 빼앗아 다른 쪽에 주다니[奪彼與此] 이 어찌 편견이 아니겠느냐[何其偏也]? 불공평한 잣대를 대어 공평하게 재려고 하는[以不平平] 그런 공평은 참된 공평이 아니지[其平也不平]. 자연의 감응이 아닌 것으로 감응한다면[以不徵徵] 그런 감응은 참된 감응이 아니지[其徵也不徵]. 자연의 감응이 아닌 것으로 밝히려는 자는 오로지 심부름꾼이고[明者唯爲之使시] 자연을 순응하는 자만이 사물 그대로를 감응할 수 있어[神者徵之]. 무릇 자연을 밝히려는 자가 자연이 무엇인지 밝히지 못한다는 것은 오래된 일이지[夫明之不勝神也久矣]. 그런데도 미욱한 자는 제 소견만 믿고[而愚者恃其所見] 인간에 빠져 버리지[入於시]. 그런 공들임은 (자기 본성을 떠나) 다만 외물에만 있으니[其功外也] 이 어찌 슬픈 일이 아니겠는가[不亦悲乎].

장자가 묘사하는 자신의 장례식장을 상상해 보라. 이보다 더 아름답고 장엄한 장례식은 없을 것이다. 우주 삼라만상을 자신의 조문객으로 여기는 장자여, 자연에서 와 자연으로 돌아간다는 말을 실감케 하는구나.

이불평평(以不平平)의 불평(不平)은 시비에 걸린 편견(偏見)을 말하고 평(平)은 시비와 차별을 벗어난 공평(公平)을 말한다. 공평하다는 것은 곧 만물을 하나로 본다는 말이다. 노자는 용내공(容乃公)이라 했다. 이는 곧 무사(無私)요, 무친(無親)

이니 편애(偏愛)하지 않음이다. 편견을 갖고 어찌 공평할 것인가. 그러니 인위의 잣대로 재지 말라 함이다.

이부징징(以不徵徵)의 징(徵)은 응(應)이니 곧 감응(感應)을 뜻한다. 여기서 부징(不徵)은 인위적인 감응을 말하고 징(徵)은 자연스러운 감응을 말한다. 인위적인 감응으로 무엇에 감응한다 한들 그런 감응은 걸림 없는 감응일 수 없다. 방독면을 쓰고 숨쉬는 것과 같은 것이 곧 부징이다. 인간은 징을 버리고 부징에 놀아난 지 이미 오래다. 그러지 말고 자연에 안겨라[徵]. 이것이 장자가 밝히는 신자(神者)다. 그래서 장자는 인락(人樂)을 벗어나 천락(天樂)을 누리라 한다.

명자(明者)의 명(明)은 외물을 밝히려는 명(明)이다. 그러니 노자의 명(明)과는 다른 뜻을 지닌다. 노자는 밖이 아니라 안을 아는 것, 즉 내가 나를 아는 것을 일러 명(明)이라고 했다[自知者明]. 그러나 여기서의 명은 인지를 밝혀 드러낸다는 뜻이다. 그러므로 여기서 명자(明者)는 노자의 말을 빌린다면 자시자(自是者)인 셈이다. 도가에서는 시비를 걸어 자기만 옳다고 주장하는 자[自是者]를 미욱한 인간이라 한다. 그러니 명자는 사람 일에 빠져 버린다[入於人]. 인간이 하는 짓은 숨통을 막는다[人之塞之]고 한다.

신자(神者)의 신(神)은 자연의 모습을 말한다. 물론 신(神)은 천(天)이요, 양기(陽氣)를 뜻한다. 천지(天地), 즉 자연의 참모습[精]을 그냥 신(神)이라고 한다. 자연의 참모습을 따르는 자를 일러 신자라고 한다. 불평(不平)을 벗어나 평(平)을 누리는 자요, 부징(不徵)을 벗어나 징(徵)을 누리는 자가 곧 신자인 셈이다. 그러니 신자는 하늘이 하는 일에 든다[入於天]. 그래서 하늘이 하는 일은 숨구멍을 뚫는다[天之穿之]고 했다.

천하
天下

[요점]　　　　처음 나오는 천하(天下)를 따 편명으로 삼고
있으며,《장자》의 마지막 편이기도 하다. 이 편은 다른 편과 달리 우
화가 없고 장자가 등장해 시대의 흐름을 언급한다. 그래서 장자의
자서(自序)와 같다는 말을 듣기도 한다. 〈천하〉 편을 읽지 않고는
《장자》를 이해하기 어렵다고까지 말한다. 그래서 이 편은 동양 정신
(東洋精神)을 이해하는 데 매우 중요한 단서들을 제공한다. 천인(天
人)·신인(神人)·지인(至人)·성인(聖人)·군자(君子) 등이 바로 그
것이다. 장자가 나서서 이들을 소개한다고 상상하면 더욱 재미있다.
또한 여기서는 묵가(墨家)인 묵자(墨子)의 겸애(兼愛)를 비판하고 명
가(名家)인 혜자(惠子)의 변론(辯論)을 꼬집는다. 처음에 나오는 장자
의 말을 살펴 들어 두는 것만으로 충분하다는 생각이 든다.

장자(莊子)

장자(莊子)가 방술(方術)을 말하고 있다. 방술이란 어느 면에서 도(道)를 터득했거나 깨우쳤다는 말이다. 방술의 방(方)은 도(道)를 뜻하므로, 도술(道術)과도 같은 말이다. 여기서는 여러 가지 도술을 망라하는 말로 이해했으면 한다. 세상에는 여러 가지 도술이 있다는 뜻으로 말이다. 물론 지금은 도술(道術)이란 말이 자주 쓰지 않는 말이 되어 버렸다. 비과학적(非科學的)인 낱말로 여겨 버리는 것 같다. 그러나 세상을 잘 다스리려는 방책이라는 뜻을 담고 있는 말이 바로 도술이다. 장자는 이 편에서 그런 여러 도술들을 말한다.

세상에는 도술을 터득하려는 자들이 많다. 모두들 자기네들이 배운 도술이 더할 바 없는 것이라고 여긴다. 과연 옛날의 도술이란 어디에 있단 말인가? 없는 데가 없다. 신(神)은 어디서 내리고[神何由降] 명(明)은 어디서 나는가[明何由出]? 성(聖)에서 생겨났고[聖有所生] 왕에서 이루어졌다[王有所成]. 이 모든 것은 하나에 근원을 둔다[皆原於一]. 이 하나의 으뜸을 떠나지 않는 이를 천인이라 하고[不離於宗謂之天人] 이 하나의 참모습을 떠나지 않는 이를 신인이라 하며[不離於精謂之神人], 이하나의 진리를 떠나지 않는 이를 지인이라 한다[不離於眞謂之至人]. 천(天)을 으뜸으로 삼고[以天爲宗] 덕을 근본으로 삼아[以德爲本] 도를 문으로 삼고[以道爲門] 만물의 변화를 살피는 이를 일러 성인이라 하고[兆於變化謂之聖人] 인(仁)을 은혜로 삼고[以仁爲恩] 의(義)를 이치로 삼으며[以義爲理] 예(禮)를 행으로 삼고[以禮爲行] 낙을 화로 삼으며[以樂爲和] 그윽한 향기를 좇듯이 인자함을 배우는 이를 일러 군자라 한다[薰然慈仁謂之君子]. 법으로 질서를 세우고[以法爲分] 명칭으로 질서를 나타내며[以名爲表] 여러 갈래로 시험해 보고[以參爲驗] 이리저리 따져서 결정하며[以稽爲決] 하나 둘 셋 넷처럼 분명하게 하여[其數一二三四是也] 모든 관리는 이 질서를 따라 조정에서 일한다[百官以此相齒]. 날마다 하는 일에 종사하고[以事爲常] 의식을 위주로 삼으며[以衣食爲主] 농산물을 늘리면서[蕃息蓄藏] 늙은이와 약한 자, 그리고 고아와 과부를 보살피면서[老弱孤寡爲意] 모두 부양하는 것이[皆有以養] 백성이 살아가는 이치다[民之理也].

천인(天人)·신인(神人)·지인(至人)·성인(聖人)은 모두 그냥 자연인(自然人)이라는 말이다. 인간과 자연을 구별하지 않고 인간이면서 자연이요, 자연이면서 인간이라는 말로 새겨도 무방할 것이다. 모두 다 하나[一]를 따라 생사(生死)를 누리기 때문이다.

하나(一)란 도를 말한다. 무위자연이란 결국 도를 따라 생사를 누린다 함이다. 어떻게 누린단 말인가? 성(聖)을 따라 살고 왕(王)을 따라 산다는 말이다. 성(聖)은 도(道)의 소생(所生)을 나타내고 왕(王)은 도의 소성(所成)을 나타낸다. 소생(所生)은 생기게 한다는 뜻이고 소성(所成)은 이루어지게 한다는 말이다. 그러니 소생과 소성을 요샛말로 한다면 창조 행위가 된다. 지금 장자는 본래 성왕(聖王)이란 도덕(道德)의 다른 말임을 설하고 있는 셈이다.

그렇다면 도가 무엇을 생기게 하고[所生] 무엇을 이루게 한다[所成]는 말인가? 신(神)을 소생하게 하고 소성하게 하며, 명(明)을 소생하게 하고 소성하게 한다는 것이다. 비록 장자는 신(神)과 명(明)을 나누어 말해 놓았지만 신과 명은 결국 다 같이 인간이 느끼고 생각하고 이해하고 판단하는 모든 능력을 말한다. 이러한 능력을 누가 주었단 말인가? 도(道)가 주었다는 것이다. 여기서 동양적 사고방식의 본성이 드러난다. 인심(人心)은 천심(天心)이지 인간의 것이 아님을 알라 함이다. 그러나 서양은 오로지 인간이 정신 작용을 한다고 여긴다. 하늘의 마음[天心]이 곧 인간의 마음[人心]이라는 발상은 동양의 것이다.

도가 생명(生命)을 빌려주고 신명(神明)을 빌려준다. 그러니 사천(事天)하라고 한다. 사천(事天)하라. 귀사모(貴食母)하라. 이러한 명을 받아 생사를 누리는 분을 일러 천인(天人)·신인(神人)·지인(至人)·성인(聖人)이리 부른다. 도가는 이런 분을 따라 살라 한다. 그런 삶을 일러 무위자연이라 한다. 그러나 유가는 인간형의 이상을 군자(君子)에 둔다. 인의예락을 근본으로 삼고 생사를 누리는 군자를 따라 살라 한다. 물론 사람의 인의요, 사람의 예락을 따라 살라고 한다. 그러나 도가는 이러한 군자는 천인·신인·지인·성인의 무위자연에 미치지 못한다고 비판한다. 그러나 유가를 비판하지 않고 넘어가면서 관리의 도리와 백성의 도리를 살핀 것으로 보아 장자는 유가가 묵가나 명가보다 조금 낫다고 생각하는지도 모른다. 물론 인위를 앞세운다고 유가를 누누이 비판했던 다른 잡편들에 비해 장자는 이 편에서 유장하게 동양의 정신을 포괄적으로 설하고 있다. 그래서 〈천하〉 편은 장자가 《장자》의 서(書)에 붙인 자서(自序)라는 말을 듣는 것이다.